Adrienne Leco

Ernest Legouvé and Eugène Scribe

(Editor: Theodore Ely Hamilton)

Alpha Editions

This edition published in 2024

ISBN : 9789357969864

Design and Setting By
Alpha Editions
www.alphaedis.com
Email - info@alphaedis.com

Contents

INTRODUCTION

Augustin Eugène Scribe was born at Paris, December 24th, 1791. He studied law but manifested early in life a strong inclination toward the drama. The first of his plays to be favored with the full approval of the public was *Une nuit de la garde nationale*, written in 1816, in collaboration with Delestre-Poirson. Thereafter, his success was great and continued. He produced plays in rapid succession for two and even three theaters at the same time. Many of them were written jointly with some collaborator. In 1816 appeared also *Le nouveau Pourceaugnac* and *Le solliciteur*, highly praised by Schlegel.

In 1820 Scribe was engaged to write exclusively for a new theater established by his friend Poison, under the patronage of the Duchesse de Berri. In less than ten years (1821-30) he produced over one hundred plays. Among the best of these are: *Le mariage enfantin, Le colonel, La loge du portier, Le baiser au porteur, La reine de seize ans, La marraine, Le diplomate, Le plus beau jour de la vie*, and *Le mariage de raison*.

For the Théâtre-Français he supplied the following plays: *Valérie* (1822), *Le mariage d'argent* (1827), *Bertrand et Raton* (1833), *Une passion secrète* (1834), {vi} *La camaraderie* (1837), *Le verre d'eau* (1840), *Adrienne Lecouvreur* (1849), *Les contes de la reine de Navarre* and *La bataille de dames* (1851), *Mon étoile* (1853), *Feu Lionel* and *Les doigts de fée* (1858). Several of these are still widely known.

Adrienne Lecouvreur, which is described elsewhere, was written with Ernest Legouvé (1807-1903) and is a really beautiful play.

La bataille de dames, also written with Legouvé, is well known for its rapid action and sprightly dialogue.

Scribe also composed the libretti of the following operas: *La dame blanche* (1825), by Boïeldieu; *La muette de Portici* (1828), *Fra Diavolo* (1830), *Le cheval de bronze* (1835), and others, by Auber; *Robert le Diable* (1831), *Les Huguenots* (1836), and *Le prophète* (1849), by Meyerbeer.

He wrote a number of novels, among which are *Carlo Broschi, Judith, Le roi de carreau*, and *Maurice*. Though widely read, they made no great literary mark.

In 1836 the French Academy elected Scribe to membership.

His productivity was enormous. Either alone or in collaboration, he produced over four hundred plays. At least three hundred and fifty of these have been printed separately in various collections of dramas, as *Le théâtre de madame, La France dramatique, Le magazin théâtral*, and *Le théâtre illustré*. A complete edition of his works has now been published by Calmann-Lévy, Paris.{vii}

His many successful plays gave him large financial returns and his wealth increased rapidly. He left the most considerable fortune ever accumulated by any author of France.

He died at Paris on the 20th of February, 1861.

Scribe was not great in a purely literary way. His style is not all that could be desired. Neither was he a profound thinker or psychologist, nor a herald of new ideas. His ideas of morality were those current in his time. His world is that of the materialistic and self-satisfied bourgeoisie of the reign of Louis-Philippe. His shortcomings are manifest and have been severely handled by more than one eminent critic.

It is, nevertheless, undeniable that Scribe was a master at handling the plot and action of a drama. He possessed a most intimate knowledge of the technique of plays and the requirements of the stage. He excelled in the art of maintaining the interest of the spectator by skillful and rapid changes in the situation, by an abundance of action, and by a vivacious and lifelike conversation. He possessed in a very high degree the power to please and entertain an audience and to produce the desired theatrical effect.

When M. Octave Feuillet (1821-1890) succeeded Eugène Scribe as a member of the French Academy, on March 26th, 1863, he said in his address of reception: "Un des arts les plus difficiles dans le domaine de l'invention littéraire, c'est celui de charmer l'imagination sans l'ébranler, de toucher le cœur sans le troubler, {viii} d'amuser les hommes sans les corrompre: ce fut l'art suprême de Scribe."

And in his response to this discourse, M. Vitet (1802-1873) thus eulogized the remarkable inventive genius of Scribe.—"Il y avait chez Scribe une faculté puissante et vraiment supérieure qui lui assurait et qui m'explique cette suprématie sur le théâtre de son temps. C'était un don d'invention dramatique que personne avant lui peut-être n'avait ainsi possédé: le don de découvrir à chaque pas, presque à propos de rien, des combinaisons théâtrales d'un effet neuf et saisissant; et de les découvrir, non pas en germe seulement ou à peine ébauchées, mais en relief, en action, et déjà sur la scène. Pendant le temps qu'il faut à ses confrères pour préparer un plan, il en achève plus de quatre; et jamais il n'achète aux dépens de l'originalité cette fécondité prodigieuse. Ce n'est pas dans un moule banal que ses fictions sont jetées. S'il a ses secrets, ses méthodes, jamais il n'en sert de la même façon. Pas un de ses ouvrages qui n'ait au moins son grain de nouveauté.... Scribe avait le génie de l'invention dramatique."

Finally, though Scribe is not generally accorded the rank of a great author, it must be acknowledged that he was one of the world's greatest dramatic entertainers.

Ernest Legouvé was born at Paris in 1807. His father was Gabriel-Marie-Jean-Baptiste Legouvé (1764-{ix}1812), a French poet. Ernest Legouvé was a littérateur and dramatist. His best known plays, written in collaboration with Scribe, are *Adrienne Lecouvreur* (1849) and *La Bataille de dames* (1851). Legouvé died in 1903.

ADRIENNE LECOUVREUR

"Ici l'on rend hommage à l'actrice admirable,
Par l'esprit, par le cœur également aimable.
Un talent vrai, sublime en sa simplicité.
L'appelait, par nos vœux, à l'immortalité."
D'ARGENTAL, 1786.

Adrienne Lecouvreur, one of the most talented actresses in the history of the French stage, was born, according to the parish records, at Damery, near Épernay, in Champagne, on April fifth, 1692. Her father was Robert Couvreur and her mother Marie Bouly.

When ten years of age, she came with her parents to Paris. She manifested very early a marked talent in recitation which soon attracted wide and favorable attention. Her first attempts at acting were decidedly successful.

Having received very careful theatrical training from Le Grand, she was engaged, in 1708, by Mlle. Fonpré, directress of the theater of Lille, to play at that theater. Later she became the leading actress of the theater of Lunéville, and it is thought that she {x} played also at Metz. In 1711 she was first actress of the theater of Strassburg and had become very popular.

Her career at the Comédie-Française began on the 27th of March, 1717. On May 14th she appeared in the *Électre* (1708) of Crébillon (1674-1762) and as Angélique in *Georges Dandin* (1668) by Molière (1622-1673). Her success was complete, and it was freely acknowledged that she was beginning as the greatest actresses ordinarily finish.

The actress whose memory was then most popular was Mme. Champmeslé (1642-1698), who had won renown in the theater of Racine. At the time of Mlle. Lecouvreur's début at Paris, her principal rivals were Mlle. Desmares (retired in 1721), a niece of Mme. Champmeslé; and Mlle. Du Clos (1670-1748).

The style of speech on the stage had been too declamatory and somewhat stilted and unnatural. It was, in contrast to this, the directness and simplicity of the elocution of Adrienne, in a word the *sincerity* and *naturalness* of her work, which especially appealed to the public, and enabled her, as the leading exponent of something better in the art of the stage, to hold her own against all rivals and intrigues.

Her répertoire was very large and her activity very great. In ten months she played 139 times. Among the leading rôles in which she appeared in various years were the following: (1) in plays by Pierre Corneille (1606-1684)—Pauline in *Polyeucte*, Chimène in *Le Cid*, and Cornélie in *Pompée*; (2) in plays by Jean {xi} Racine (1630-1699)—the title rôles in *Iphigénie*, *Bérénice*, and *Phèdre*, Atalide in *Bajazet*, Zarès in *Esther*, and Antigone in *La Thébaïde*; (3) in other plays—Électre in *Électre* and Éricie in *Pyrrhus* by Crébillon; Agathe in *Les Folies amoureuses* by Regnard (1655-1709); Angélique in *Les Fils ingrats* by Piron (1689-1773); Constance in *Inès de Castro* by La Motte-Houdard (1672-1731); and Jocaste in the *Œdipe* of Voltaire (1694-1778).

After seeing Mlle. Lecouvreur in the rôle of Constance in the interesting tragedy *Inès de Castro*, Voltaire is said to have thus expressed his appreciation: "Mlle. Le Couvreur a joué le rôle de Constance avec dignité et délicatesse.... Où le sentiment domine... elle est au-dessus de tout ce que j'ai jamais entendu."

Among the numerous admirers of Adrienne was the count Maurice de Saxe (see Notes), who, after various love affairs and scandals, was attracted to this eminent young actress on his second visit to Paris, in 1721. Their love was mutual and the friendship continued for several years. When, in 1725, he wrote to France for money, to enable him to secure the duchy of Courlande, Adrienne sold her jewels and silver plate and thus raised for him the sum of 40,000 francs. Nevertheless, he failed in this enterprise and, after years of absence, he returned to Paris, October 23d, 1728. Differences in taste and especially the infidelity of the count caused an estrangement.

It was at this period that he became an admirer of {xii} the intriguing Duchesse de Bouillon (see Notes). This artful coquette now conceived a dangerous jealousy toward Mlle. Lecouvreur, which she concealed under a treacherous semblance of friendship and hospitality.

Although the testimony in the case is somewhat contradictory, it seems nevertheless strongly indicated that the duchess desired to poison her rival. In order to carry out this plot, the duchess is said to have engaged one Simeon Bouret, a young painter of miniatures. He was born at Metz in 1711 and came to Paris in 1727 and again in 1728. According to his sworn testimony, it was while engaged in painting the portrait of the duchess that she tried to persuade him to call upon Mlle. Lecouvreur and to give her a love potion which would turn her from the Comte de Saxe to someone else. He was summoned to a number of secret meetings with two masked men who, as the emissaries of the duchess, continued to urge him to carry out her design. Convinced, however, that the real purpose was to poison Mlle. Lecouvreur, he revealed to her the plot and afterward brought to her some lozenges which had been left for him by the mysterious agents in a secret place. Upon opening the package, Mlle. Lecouvreur and two other persons— Bouret and the Comte de Saxe—who were present were made ill by the emanations of the enclosed chemicals. The lieutenant of police was immediately informed of the affair. That same day (July 29, 1729), Bouret was {xiii} imprisoned at Saint-Lazare. Meantime, Claire-Joseph Geoffroy, of the Académie des Sciences, analyzed the lozenges but rendered a doubtful report upon them. In the various interrogations to which Bouret was subjected, he continued to repeat the story as above. Liberated, October 23, 1729, he was again thrust into prison, January 23, 1730, at the instigation of the Duke de Bouillon. The duchess, having been advised that public suspicion rested upon her, undoubtedly desired to accomplish the ruin of her tool, the unfortunate Bouret, in order to save herself. Bouret wrote, on August 8, 1730, a touching appeal to M. Hérault, lieutenant of police, in which he reiterated his innocence and attributed his continued imprisonment to his enemies. This letter bears the impress of truth. However, as nothing appeared to be accomplished by it, and he seemed to be destined to spend the rest of his days in prison, Bouret wrote again, August 24, to M. Hérault, this time a totally different letter, calculated to placate his enemies and secure his own liberation, even at the apparent expense of the truth. Having implored the pardon of the duchess, whom he now claimed to have falsely accused, he obtained a tardy release, on the third of June, 1731.

It does not appear that Adrienne was really harmed seriously by the odor of the poison, which in the play causes her death. She had always been delicate in health and had suffered from many illnesses which interrupted her work as an actress. In her last year {xiv} she had also many discouragements, among which were the death of her former teacher and fellow actor, Michel Baron (1653-1729), of the troupe of Molière, the ingratitude of Piron, the intrigues of her rivals of the stage and in love, especially Mlle. Du Clos and the Duchesse de Bouillon, the infidelity of Maurice de Saxe, and the attempted poisoning.

Among the plays in which she participated toward the close of her career were *Phèdre, Horace, Électre, Le Malade imaginaire*, and *La Surprise de l'Amour*. She was taken ill while playing in *Le Florentin* and *Œdipe*, on March 15, and died on the following Monday, March 20, 1730, at eleven o'clock in the morning. Voltaire, d'Argental, and a surgeon were present at her bedside.

Christian burial was refused by the clergy, because she had not received the last rites of the church. She had died while the priest for whom she had sent was on the way. She was therefore interred secretly and at night. It was probably near the bank of the Seine that this great actress was buried, though the exact place of her burial is uncertain.

Voltaire urged her fellow actors to resist and to denounce such unworthy treatment of her who had been one of the chief glories of the French stage. However, nothing appears to have been done. M. Grandval, who had just been received into the company of the Comédie-Française, pronounced her eulogy, composed by Voltaire. Numerous other persons also {xv} wrote very eulogistic and some even passionate appreciations in prose and in verse of her beauty, charm, grace, abilities, and triumphs.

A collection of letters entitled *Lettres de Adrienne Le Couvreur, Réunies pour la première fois et publiées avec notes, étude biographique, documents inédits tirés des archives de la Comédie, des minutiers de notaires et des papiers de la Bastille, Portrait et fac-simile, par Georges Monval, Archiviste de la Comédie française,* was published by Plon, Paris, in 1892. Many of these letters are remarkable for their graceful and charming style and give to Mlle. Lecouvreur a high rank as a letter writer.

From the many verses written in her honor by her faithful friend, Voltaire, the following are selected:

QUATRAIN

Pour le portrait de Mlle. Lecouvreur

Seule de la Nature elle a su le langage.
Elle embellit son art, elle en changea les loix.
L'esprit, le sentiment, le goût fut son partage,
L'Amour fut dans ses yeux, et parla par sa voix.

THE DRAMA ADRIENNE LECOUVREUR

The drama, *Adrienne Lecouvreur,* by Scribe and Legouvé, was written in 1848. Owing to the changing political conditions of the time, its presentation was {xvi} delayed until the following year. During this period it is probable that certain alterations and additions were made in the play. In its completed form it was given for the first time at the Théâtre-Français, April 14, 1849. The celebrated actress Mlle. Rachel appeared in the title rôle.

It is a so-called *comédie-drame*—a play in which there is a mingling of comic and tragic elements. It ends in tragedy.

The play deals sympathetically with the love of the talented Adrienne Lecouvreur, of the Comédie-Française, and Maurice, comte de Saxe (1696-1750). It portrays in a vivid and interesting way the rivalry and hostility of the Princesse de Bouillon and the tragic death of Adrienne.

The close connection of the plot with the Comédie-Française, where the entire second act takes place,[A] and the many literary allusions add much to the interest.

[A] The idea of a play within a play may possibly have been suggested by the tragedy of *Saint Genest* (1645) by Jean Rotrou (1609-1650).

The action takes place at Paris in the month of March, 1730.

Adrienne Lecouvreur is a skillfully written play. Francisque Sarcey (1827-1899) calls it "une pièce bien faite et très bien faite." (*Quarante ans de théâtre*, IV, 261.) In general construction it is a compromise between the conflicting ideas of the classicists and the romanticists. This is evident in the treatment of the{xvii} three unities. Unity of action is maintained, although several subordinate intrigues are suggested. Unity of place, in the strict sense, is disregarded, since the five acts occur in five different places. However, all are at Paris. Unity of time is essentially preserved, although its limits are somewhat exceeded.

Moreover, the author has adapted the play to the spirit and conditions of his own time. It is an epitome of France in 1848. One of Scribe's methods was to combine in his personages historic characters of the time of the action with others who were his own contemporaries. Thus the characters in his plays are often composite in origin, and the different elements are combined and modified with judgment and skill. Probably he has never been excelled in the unerring dexterity with which he gathered the delicate threads of reality and fiction and wove them into a dramatic texture. There are striking parallels between some of the leading characters in *Adrienne Lecouvreur* and certain prominent persons of the middle of the nineteenth century. These resemblances are particularly marked between Adrienne and Mlle. Rachel (1820-1858), the actress who created this rôle in 1849; also between Maurice de Saxe and Napoléon III. Similar parallels could be shown between other contemporaries of Scribe and various personages of the play. These similarities have been carefully indicated by Mr. John Davis Batchelder in his interesting study: *Un Détail de Technique dans un Drame d'Eugène*{xviii} *Scribe* (*"Adrienne Lecouvreur" et les influences de 1848*), Paris, 1909.

It was especially for Mlle. Rachel and even at her request that *Adrienne Lecouvreur* was written. Moreover, it was well known in Paris that Rachel was to portray in the title rôle many details of her own life and triumphs. She rehearsed her part repeatedly under the personal direction of Scribe. She was then at the height of her fame and enjoyed the friendship and protection of Napoléon III.

Among the historic facts in Scribe's portrayal of Adrienne Lecouvreur are: the love of Adrienne and Maurice de Saxe, the sale of her jewels to provide money for the equipment of his troops, the rivalry and enmity of the Duchesse de Bouillon, the public vengeance of Adrienne against her rival, the attempted poisoning of Adrienne by the Duchess, the professional rivalry and conventional declamation of Mlle. Du Clos, the simple and natural style of Adrienne, and the hostility of the clergy toward the latter.

Many alterations in the historic background have been introduced, only a few of which are here mentioned. The Princesse de Bouillon, a woman of Polish descent, has been given the rôle of the Duchesse de Bouillon, a native Frenchwoman. It was the latter who was the rival of Adrienne for the love of Maurice de Saxe and who is thought to have attempted the poisoning. It was at a public presentation of *Phèdre* at the Comédie-Française, not at the home of the {xix} Princesse de Bouillon, that Mlle. Lecouvreur denounced her rival. The attempted poisoning had occurred in 1729, not 1730, and thenceforth Mlle. Lecouvreur was not received at the homes of the Bouillons. She scrupulously avoided the members of the Bouillon family. Moreover, the love of Maurice de Saxe and Mlle. Lecouvreur was ended before 1730. After having accepted all her fortune to pursue his expeditions in Poland in 1725, he had cruelly abandoned the actress for her rival, the Duchesse de Bouillon (Michelet: *Louis XV*, pp. 91-94.) Nor did Mlle. Lecouvreur receive the Comte de Saxe during this later period. It is evident that Scribe has ameliorated the conduct of Maurice de Saxe toward Adrienne, in order that he may retain the interest of the spectator. For in the play he is always the principal hero and, though his loyalty is for a time in doubt, he regains at the last the confidence of the audience and the trust and love of Adrienne. {xxi} {xx}

ACTE PREMIER

Un boudoir élégant chez la princesse de Bouillon. Une toilette à gauche, une table à droite, et une console, du même côté, au fond du théâtre.

SCÈNE PREMIÈRE

L'ABBÉ, *appuyé sur la toilette*, LA PRINCESSE, *assise en face de la toilette, sur un canapé.*

LA PRINCESSE, *achevant de se coiffer*

Quoi, l'abbé! pas une historiette... pas le moindre petit scandale?...

L'ABBÉ

Hélas! non!

LA PRINCESSE

Votre état est perdu! Vous devez, d'obligation, savoir toutes les nouvelles... C'est pour cela que les dames vous reçoivent le matin à leur toilette... Donnez-moi la boîte à mouches... Voyons, cherchez bien!... je vois, à votre air mystérieux, que vous en savez plus que vous ne dites...

L'ABBÉ

Des nouvelles insignifiantes... certainement! Vous apprendrai-je que mademoiselle Lecouvreur et mademoiselle Duclos doivent ce soir jouer ensemble dans *Bajazet*, et qu'il y aura une foule immense...

LA PRINCESSE

Après?... Un instant, l'abbé!... Placeriez-vous cette mouche à la joue... ou à l'angle de l'œil gauche?

L'ABBÉ, *passant derrière le canapé*

Si madame la princesse ne m'en veut pas de ma franchise... j'aurai le courage de lui dire... que je me prononce ouvertement contre le système des mouches.

LA PRINCESSE

C'est toute une révolution que vous tentez là!... et avec votre air timide et béat... je ne vous aurais jamais cru un lévite si audacieux.

L'ABBÉ

Timide... timide... avec vous seule!

LA PRINCESSE

Ah bah!... Eh bien! vous disiez donc?... Votre autre nouvelle...

L'ABBÉ

Que la représentation de ce soir est d'autant plus piquante que mademoiselle Lecouvreur et la Duclos sont en rivalité déclarée. Adrienne Lecouvreur a pour elle le public tout entier, tandis que la Duclos est ouvertement protégée par certains grands seigneurs et même par certaines grandes dames... entre autres par la princesse de Bouillon!

LA PRINCESSE, *se mettant du rouge*

Par moi?

L'ABBÉ

Ce dont chacun s'étonne, et l'on commence même, dans le monde, à en rire.

LA PRINCESSE, *avec hauteur*

Et pourquoi, s'il vous plait?

L'ABBÉ, *avec embarras*

Pour des motifs que je ne puis ni ne dois vous dire... parce que ma délicatesse et mes scrupules...

LA PRINCESSE

Des scrupules... à vous, l'abbé! Et vous disiez qu'il n'y avait rien de nouveau?... (*Se levant.*) Achevez donc!... Aussi bien ma toilette est terminée... et je n'ai plus que dix minutes à vous donner.

L'ABBÉ

Eh bien! madame... puisqu'il faut vous le dire, vous, petite-fille de Sobieski et proche parente de notre reine, vous avez pour rivale mademoiselle Duclos, de la Comédie-Française.

LA PRINCESSE

En vérité!

L'ABBÉ

C'est la nouvelle du jour... Tout le monde la connaît, excepté vous, et comme cela peut vous donner un ridicule... je me suis décidé, malgré l'amitié que me porte M. le prince de Bouillon, votre mari, à vous avouer...

LA PRINCESSE

Que le prince lui a donné une voiture et des diamants!...

L'ABBÉ

C'est vrai!

LA PRINCESSE

Et une petite maison...

L'ABBÉ

C'est vrai!

LA PRINCESSE

Hors les boulevards de Paris, à la Grange-Batelière.

L'ABBÉ, *étonné*

Quoi, princesse, vous savez?...

LA PRINCESSE

Bien avant vous! bien avant tout le monde... Écoutez-moi, mon gentil abbé, le tout pour votre instruction... M. de Bouillon, mon mari, quoique prince et grand seigneur, est un savant: il adore les arts et surtout les sciences. Il s'y était adonné sous le dernier règne.

L'ABBÉ

Par goût?...

LA PRINCESSE

Non! pour faire sa cour au Régent, dont il s'efforçait de devenir la copie exacte et fidèle: il s'est appliqué, comme lui, à la chimie; il a, comme lui, un laboratoire dans ses appartements; que sais-je? il souffle et il cuit toute la journée; il est en correspondance réglée avec Voltaire, dont il se dit l'élève. Ce n'est plus le bourgeois gentilhomme, c'est le gentilhomme bourgeois qui prend un maître de philosophie... toujours pour ressembler au Régent... Et vous comprenez que, voulant pousser l'imitation aussi loin que possible, il n'avait garde d'oublier la galanterie de son héros... Ce qui ne me contrariait pas excessivement... Une femme a toujours plus de temps à elle... quand son mari est occupé... Et pour que le mien, même infidèle, restât dans ma dépendance, j'ai pardonné à la Duclos, qui ne fait rien que par mes ordres et me tient au fait de tout... Ma protection est à ce prix, et vous voyez que je tiens parole!

L'ABBÉ

C'est admirable!... Mais qu'y gagnez-vous, princesse?

LA PRINCESSE

Ce que j'y gagne?... C'est que mon mari, craignant d'être découvert, tremble devant la petite-fille de Sobieski, dès qu'elle a un soupçon... et j'en ai quand je veux... Ce que j'y gagne? c'est qu'autrefois il était très-avare, et que maintenant il ne me refuse rien! Commencez-vous à comprendre?

L'ABBÉ

Oui!... oui... c'est une infidélité d'une haute portée et d'un grand rapport!

LA PRINCESSE

Le monde peut donc me plaindre et gémir de ma position, je m'y résigne, et si vous n'avez, cher abbé, rien autre chose à m'apprendre...

L'ABBÉ, *timidement*

Si, madame! une nouvelle...

LA PRINCESSE, *souriant*

Encore une!

L'ABBÉ, *de même*

Qui me regarde personnellement... et celle-là je crois être sûr que vous ne vous en doutez pas... C'est que... c'est que...

LA PRINCESSE, *gaiement*

C'est que vous m'aimez!

L'ABBÉ

Vous le saviez!... Est-il possible!... Et vous ne m'en disiez rien!

LA PRINCESSE

Je n'étais pas obligée de vous l'annoncer...

L'ABBÉ, *avec chaleur*

Eh bien! oui... C'est pour vous que je me suis fait l'intime ami de votre mari! Pour vous, je suis de toutes ses parties! Pour vous, je vais à l'Opéra et chez la Duclos! Pour vous, je vais à l'Académie des sciences! Pour vous enfin, j'écoute M. de Bouillon dans ses dissertations sur la chimie, qui ne manquent jamais de m'endormir!

LA PRINCESSE

Pauvre abbé!

L'ABBÉ

C'est mon meilleur moment!... je ne l'entends plus et je rêve à vous!... Mais, convenez-en vous-même, un tel dévouement mérite quelque indemnité, quelque récompense...

LA PRINCESSE, *souriant*

Oui, l'on vous a souvent donné, à vous autres abbés de boudoir, pour moins que cela! Mais, dussiez-vous crier à l'ingratitude, je ne peux rien pour vous en ce moment.

L'ABBÉ, *vivement*

Ah! je ne vous demande pas une passion égale à la mienne! c'est impossible!... Car ce que j'éprouve pour vous, c'est une adoration, c'est un culte!

LA PRINCESSE

Je comprends, l'abbé, et vous demandez pour les frais du... Impossible, vous dis-je... mais, silence! on vient... C'est mon mari et madame la duchesse d'Aumont... N'avez-vous pas aussi quêté de ce côté-là?...

L'ABBÉ

La place était prise...

LA PRINCESSE

C'est jouer de malheur... (*A part.*) Ce pauvre abbé arrive toujours trop tard.

SCÈNE II

ATHÉNAÏS, LA PRINCESSE, LE PRINCE, L'ABBÉ. *La princesse va au-devant d'Athénaïs à qui le prince donnait la main.*

LA PRINCESSE, *à Athénaïs*

C'est vous, ma toute belle, quelle bonne fortune! qu'est-ce qui vous amène de si bon matin?

LE PRINCE

Un service que madame la duchesse veut vous demander.

LA PRINCESSE

Un plaisir de plus. Et comment avez-vous rencontré mon mari, que moi je n'ai pas aperçu depuis avant-hier...

ATHÉNAÏS

Chez le cardinal de Fleury, mon oncle!

LE PRINCE

Oui, vraiment!... le grand ministre qui nous gouverne, et que j'ai connu quand il était évêque de Fréjus, est membre, comme moi, de l'Académie des sciences... c'est aussi un savant; et comme tel, je lui avais dédié mon nouveau traité de chimie... ce livre qui a étonné M. de Voltaire lui-même!... Jamais, m'a-t-il dit, il n'avait lu d'ouvrage écrit comme celui-là! ce sont ses propres paroles et je le crois de bonne foi!

LA PRINCESSE

Moi aussi!... mais le cardinal premier ministre...

LE PRINCE

Nous y voici. (*A un valet qui entre portant un petit coffret.*) Bien! posez là ce coffret. (*Le valet pose le coffret sur la table à droite et sort.*) Le cardinal qui, comme homme d'État et comme chimiste, connaît mes talents, m'avait prié de passer à son hôtel pour me confier une mission honorable... et terrible...

TOUS

Qu'est-ce donc?

LE PRINCE

L'analyse scientifique et judiciaire... des matières renfermées dans ce coffret... poudre dite de *succession*, inventée, sous le grand roi, à l'usage des familles trop nombreuses, et dont la nièce du chevalier d'Effiat est accusée, comme son oncle, d'avoir voulu se servir...

LA PRINCESSE, *faisant un pas vers le coffret*

En vérité!

ATHÉNAÏS, *de même et gaiement*

Ah! voyons!

LE PRINCE, *la retenant*

Gardez-vous-en bien! Si ce que l'on dit est vrai, rien qu'une pincée de cette poudre dans une paire de gants, ou dans une fleur, suffit pour produire d'abord un étourdissement vague, puis une exaltation au cerveau... et enfin un délire étrange... qui conduit à la mort... c'est, du reste, ce qui sera démontré, car j'analyserai, j'expérimenterai et je ferai mon rapport.

LA PRINCESSE

Très-bien! mais cette analyse scientifique m'apprendra-t-elle, monsieur, ce que vous êtes devenu hier toute la journée?...

LE PRINCE, *bas à l'abbé*

Une scène de jalousie affreuse...

L'ABBÉ, *de même*

Qui se prépare...

LE PRINCE, *de même*

Sois tranquille!... (*Haut, à la princesse.*) Ce que je faisais, madame?... Je surveillais moi-même une surprise... que je vous réservais pour aujourd'hui.

(*Il lui présente un écrin.*)

LA PRINCESSE, *vivement*

Qu'est-ce donc?...

LE PRINCE, *à l'abbé, à voix basse*

Voilà comme on s'y prend! cela les étourdit, les éblouit!... les empêche de voir...

LA PRINCESSE, *qui vient d'ouvrir l'écrin*

Des diamants superbes...

LE PRINCE, *tenant toujours l'abbé*

Et quant à l'analyse de cette poudre diabolique... voici mon raisonnement... vois-tu bien, l'abbé...

L'ABBÉ, *à part avec un soupir*

Encore une dissertation chimique!...

(*Il écoute le prince qui lui parle bas et avec chaleur.*)

LA PRINCESSE

Regardez donc, ma charmante, comme ce bracelet est distingué!

ATHÉNAÏS

Et monté d'une façon si remarquable... c'est exquis!

LA PRINCESSE

Venez donc, l'abbé, venez admirer comme nous.

L'ABBÉ

Moi!... admirer!... je ne peux pas, j'écoute.

LE PRINCE

Oui, je lui explique... et il ne comprend pas... mais je vais lui montrer...

(*Il fait quelques pas du coté du coffret.*)

L'ABBÉ, *le retenant*

Non pas... non pas... une poudre pareille, qu'il suffit de respirer... pour qu'à l'instant... j'aime mieux ne pas comprendre... Allez toujours!

(*Le prince continue à parler bas à l'abbé. Tous les deux sont près de la table à droite; pendant ce temps, Athénaïs et la princesse ont été s'asseoir sur le canapé à gauche, près de la toilette.*)

LA PRINCESSE, *assise*

Et nous, très-chère, pendant que ces messieurs parlent science, parlons du motif de votre visite et du service que vous attendez de moi.

ATHÉNAÏS, *assise*

Je vous confierai, princesse, qu'il y a un talent... que j'admire, que j'adore... celui de mademoiselle Adrienne Lecouvreur.

LA PRINCESSE

Eh bien?

ATHÉNAÏS

Eh bien, est-il vrai (comme M. le prince s'en est vanté tout à l'heure chez mon oncle le cardinal) que mademoiselle Lecouvreur vienne demain soir chez vous et y récite des vers?

LE PRINCE, *s'avançant vers les deux dames*

Nous l'avons invitée.

(*L'abbé a suivi le prince; Athénaïs et la princesse sont assises sur le canapé à gauche, l'abbé derrière le canapé, le prince debout près de sa femme.*)

LA PRINCESSE

Oui, quoique je ne partage pas votre enthousiasme, ma mignonne, et que mademoiselle Duclos, chacun le sait, me semble bien supérieure à sa rivale; mais c'est une fureur! un engouement! tous les salons du grand monde se disputent mademoiselle Lecouvreur...

L'ABBÉ

Elle est à la mode!

LA PRINCESSE

Cela tient lieu de tout... Et comme madame de Noailles, que je ne peux souffrir, avait compté demain sur elle pour sa grande soirée, je me suis empressée, depuis huit jours, de l'inviter, et j'ai là sa réponse.

ATHÉNAÏS, *vivement*

Une lettre d'elle!... Ah! donnez! que je voie son écriture.

LE PRINCE

Vous disiez vrai; c'est une passion réelle!

ATHÉNAÏS

Je ne manque pas une de ses représentations... mais je ne l'ai jamais vue de près... On assure qu'elle apporte dans le choix de ses ajustements un goût particulier qui lui sied à merveille... puis des manières si nobles, si distinguées.

LE PRINCE

M. de Bourbon disait d'elle l'autre jour qu'il avait cru voir une reine au milieu de comédiens.

LA PRINCESSE

Compliment auquel elle a répondu par une plaisanterie fort peu convenable... C'est à cela que je faisais allusion dans mon invitation... et voici sa réponse: (*Lisant la lettre.*) «Madame la princesse, si j'ai eu l'imprudence de dire devant M. d'Argental que l'avantage des princesses de théâtre sur les véritables, c'est que nous ne jouions la comédie que le soir, tandis qu'elles la jouaient toute la journée, il a eu grand tort de vous répéter ce prétendu bon mot... et moi un plus grand encore de l'avoir dit, même en riant; vous me le prouvez, madame, par la franchise et la gracieuseté de votre lettre. Elle est si digne, si charmante, elle sent tellement sa véritable princesse, que je l'ai gardée devant moi sur mon bureau, pour placer la vérité à côté de la fable. J'avais juré de ne plus aller réciter de vers dans le monde; ma santé est faible, et cela ajoute beaucoup à mes fatigues du théâtre. Mais le moyen, à une pauvre fille comme moi, de vous refuser? vous me croiriez fière!... Et si je le suis, madame, c'est de vous prouver à quel point j'ai l'honneur d'être votre humble et obéissante servante.

«ADRIENNE.»

ATHÉNAÏS

Mais voilà une lettre du meilleur goût... et personne de nous, je pense, n'en écrirait de mieux tournées... (*Prenant la lettre.*) puis-je la garder? Je ne m'étonne plus de la passion de ce pauvre petit d'Argental... le fils!

L'ABBÉ

Il en perd la tête!

LA PRINCESSE

C'est un mal de famille... car le père, que vous connaissez, avec sa perruque de l'autre règne et sa figure de l'autre monde, s'étant rendu chez Adrienne pour lui ordonner de restituer l'esprit de son fils, y a perdu lui-même le peu qui lui restait...

ATHÉNAÏS

C'est admirable!

L'ABBÉ

Et l'histoire du coadjuteur!

LE PRINCE

Il y a une histoire de coadjuteur?

L'ABBÉ

Qui, trouvant dans une mansarde, au chevet d'une pauvre malade, une jeune dame charmante, lui donna le bras pour descendre les six étages... et, comme il pleuvait à verse... la força, malgré elle, à monter dans sa voiture épiscopale, et traversa ainsi tout Paris, conduisant qui?... mademoiselle Lecouvreur!

ATHÉNAÏS

C'était elle!

L'ABBÉ

De là, le bruit qu'il avait voulu l'enlever... Le saint homme était furieux et a juré de lancer sur elle les foudres de l'Église à la première occasion! aussi, qu'elle ne s'avise pas de mourir!

ATHÉNAÏS

Elle n'en a pas envie, je l'espère. (*Se levant ainsi que la princesse.*) Ainsi, à demain soir! je m'invite... pour la voir, pour l'entendre.

LA PRINCESSE

Vous viendrez? Nous allons, comme vous, adorer mademoiselle Lecouvreur.

ATHÉNAÏS

Adieu, chère princesse, je m'en vais. (*Tout le monde la reconduit. Elle fait quelques pas pour sortir, s'arrête et revient.*) A propos, savez-vous la nouvelle?

LA PRINCESSE

Eh! mon Dieu, non! je n'ai à moi que l'abbé, qui ne sait jamais rien!

ATHÉNAÏS

Ce jeune étranger au service de France, que l'hiver dernier toutes les dames se disputaient... ce jeune fils du roi de Pologne et de la comtesse de Kœnigsmarck...

LA PRINCESSE, *avec émotion*

Maurice de Saxe!

ATHÉNAÏS

Est de retour à Paris!

L'ABBÉ

Permettez! le bruit en a couru, mais cela n'est pas!

ATHÉNAÏS

Cela est! je le sais par mon petit-cousin, Florestan de Belle-Isle, qui l'avait accompagné dans son expédition de Courlande... ce qui était même bien inquiétant, bien effrayant... (*Vivement.*) pour M. le duc d'Aumont, mon mari... et pour moi. Mais enfin il est à Paris depuis ce matin... Je l'ai vu, et il revenait, m'a-t-il dit, avec son jeune général...

LA PRINCESSE

Qui, à ce qu'il paraît, n'avoue pas son retour.

L'ABBÉ

A cause de ses dettes... il en a tant! Il doit seulement, à ma connaissance, soixante-dix mille livres à un Suédois, le comte de Kalkreutz, qui, l'année dernière déjà, aurait pu le faire arrêter, et qui y a renoncé, parce que où il n'y a rien...

LE PRINCE

Le roi perd ses droits!

ATHÉNAÏS

L'abbé ne l'aime pas et lui en veut parce que, l'année dernière, il lui faisait du tort dans son état de conquérant... jalousie de métier!

L'ABBÉ

C'est ce qui vous trompe, duchesse. Je l'aime beaucoup, car, avec lui, c'est chaque jour une aventure nouvelle, un scandale nouveau, qui rajeunit mon répertoire... cela vous plaît, mesdames!

ATHÉNAÏS

Fi, l'abbé!

L'ABBÉ

Vous aimez l'extraordinaire, et chez lui tout est bizarre. D'abord, on l'appelle Arminius! comment peut-on se nommer Arminius?

LE PRINCE

C'est un nom saxon... tous les savants vous le diront.

L'ABBÉ

Et puis, un autre talisman, il a l'honneur d'être bâtard, bâtard de roi.

LE PRINCE

C'est une chance de succès!

L'ABBÉ

C'est à cela qu'il doit sa renommée naissante.

ATHÉNAÏS

Non pas, mais à son courage, à son audace! A treize ans, il se battait à Malplaquet sous le prince Eugène, à quatorze ans, sous Pierre le Grand, à Stralsund... c'est Florestan qui m'a raconté tout cela.

L'ABBÉ

Il a oublié, j'en suis sûr, son plus bel exploit... au siège de Lille, il a enlevé, il n'avait pas douze ans... il a enlevé...

ATHÉNAÏS

Une redoute?

L'ABBÉ

Non, une jeune fille nommée Rosette.

ATHÉNAÏS, *avec admiration*

A douze ans!

L'ABBÉ

Et quand on commence ainsi, vous jugez...

ATHÉNAÏS

Eh bien! vous le jugez très-mal, car dans cette dernière expédition que l'on dit fabuleuse et où il vient de se faire nommer duc de Courlande, l'héritière du trône des czars, la fille de l'impératrice, avait conçu pour lui une affection qui ne tendait à rien moins qu'à le faire un jour empereur de Russie.

LA PRINCESSE

Et sans doute, ébloui d'une conquête aussi brillante, Maurice aura tout employé...

ATHÉNAÏS

Je l'aurais cru comme vous! Pas du tout. Florestan m'a raconté qu'il n'avait rien fait de ce qu'il fallait pour réussir... au contraire, il a laissé voir franchement à la princesse moscovite qu'il avait au fond du cœur une passion parisienne...

LA PRINCESSE, *avec émotion*

En vérité!

ATHÉNAÏS

Vous voyez donc bien qu'il ne faut pas toujours croire les abbés... Adieu, princesse.

UN DOMESTIQUE, *annonçant*

Monsieur le comte Maurice de Saxe!

ATHÉNAÏS

Ah! il est dit que je ne m'en irai pas aujourd'hui... je reste!

SCÈNE III

ATHÉNAÏS, LA PRINCESSE, LE PRINCE, L'ABBÉ, MAURICE

L'ABBÉ

Salut au souverain de Courlande!

LE PRINCE

Salut au conquérant!

ATHÉNAÏS

Salut au futur empereur!

MAURICE, *gaiement*

Eh! mon Dieu, oui, mesdames, duc sans duché, général sans armée, et empereur sans sujets, voilà ma position!

LE PRINCE

Les états de Courlande ne vous ont-ils donc pas choisi pour maître?

MAURICE

Certainement! nommé par la diète, proclamé par le peuple, j'ai en poche mon diplôme de souverain. Mais la Russie me défendait d'accepter, sous peine du canon moscovite, et mon père, le roi de Pologne, qui craint la guerre avec ses voisins, m'ordonnait de refuser, sous peine de sa colère.

LA PRINCESSE

Eh bien! qu'avez-vous fait?

MAURICE

J'ai répondu à l'impératrice par un appel aux armes de toute la noblesse courlandaise, et j'ai écrit à mon père qu'avant d'être élu souverain, j'étais officier du roi de France; que dans les armées de Sa Majesté très-chrétienne je n'avais pas appris à reculer, et que j'irais en avant.

ATHÉNAÏS

A merveille!

L'ABBÉ

Il n'y avait rien à répliquer.

MAURICE

Aussi, faute de bonnes raisons, mon père me mit au ban de l'empire, l'impératrice mit ma tête à prix, et son général, le prince Menzikoff entra, sans déclaration de guerre, à Mittau, pour m'enlever par surprise dans mon palais. Il avait avec lui douze cents Russes... et moi pas un soldat!

L'ABBÉ, *riant*

Il fallut bien se rendre!

MAURICE

Non pas.

LA PRINCESSE

Vous avez osé vous défendre?

MAURICE

A la Charles XII. Ah! m'écriai-je, comme le roi de Suède à Bender, en voyant luire autour de mon palais les torches et les fusils, ah! l'incendie et les balles! Cela me va!... Je rassemble quelques gentilshommes français qui m'avaient accompagné, le brave Florestan de Belle-Isle...

ATHÉNAÏS, *vivement*

Mon petit-cousin... vous en êtes content, monsieur le comte?

MAURICE

Très-content, duchesse, il se bat comme un enragé. Avec lui, les gens de ma maison, mon secrétaire, mon cuisinier, six hommes d'écurie... et une jeune marchande courlandaise qui se trouvait là.

L'ABBÉ

Toujours des femmes! il a une manière de faire la guerre...

MAURICE

Qui vous irait, n'est-ce pas, l'abbé? Nous étions en tout soixante!

LE PRINCE

Un contre vingt!

MAURICE

Ne craignez rien, la différence diminuera bientôt. Les portes bien barricadées avec tous les meubles dorés du palais... je place mes gens aux fenêtres avec leurs mousquets et ma jeune marchande avec une chaudière...

L'ABBÉ

Vous l'aviez enrégimentée aussi?

MAURICE

Sans doute. Un feu de mousqueterie dont tous les coups portaient dans la masse des assiégeants qui, après une perte de cent vingt hommes, se décidèrent enfin à l'assaut... c'est là que je les attendais; sous le pavillon de droite, le seul où l'escalade fût possible, j'avais placé moi-même deux barils de poudre, et au moment où trois cents Cosaques qui l'avaient envahi hurlaient hourra et victoire... je fis sauter en l'air les vainqueurs avec une moitié du palais.

ATHÉNAÏS

Et vous?

MAURICE

Debout sur la brèche au milieu des décombres... appelant aux armes les citoyens de Mittau que l'explosion avait réveillés... Les cloches sonnaient de toutes parts, et Menzikoff effrayé se retira en désordre sur son corps principal... Ah! si j'avais pu les poursuivre, si j'avais eu deux régiment français... un seulement! C'est là ce qui me manque et ce que je viens chercher.

LA PRINCESSE

Tel est le but de votre voyage?

MAURICE

Oui, madame! Que le cardinal de Fleury m'accorde, à moi, officier du roi de France, quelques escadrons de houssards... le nombre ne me fait rien, la qualité me suffit, et par Arminius, mon patron! j'espère, l'année prochaine, mesdames, vous recevoir et vous traiter dans la royale demeure des ducs de Courlande.

LA PRINCESSE

En attendant, vous nous permettrez de vous faire les honneurs de notre hôtel.

LE PRINCE

Je l'invite pour demain à notre soirée.

(*Maurice s'incline.*)

ATHÉNAÏS

Vous me donnerez la main; je serai fière d'avoir pour cavalier le vainqueur de Menzikoff. (*Souriant.*) Et puis l'on vous réserve ici un plaisir de roi.

MAURICE

Je serai avec vous, duchesse.

ATHÉNAÏS

Vous entendrez mademoiselle Lecouvreur. (*Mouvement de Maurice.*) La connaissez-vous, monsieur le comte?

MAURICE, *avec réserve*

Oui, un peu... lors de mon dernier voyage.

ATHÉNAÏS

C'est admirable. Elle a amené toute une révolution dans la tragédie... elle y est simple et naturelle, elle parle.

LA PRINCESSE

Le beau mérite!

ATHÉNAÏS, *à Maurice*

Je vous préviens que madame de Bouillon ne partage pas mon enthousiasme, elle est passionnée pour mademoiselle Duclos, dont la déclamation emphatique n'est qu'un chant continuel.

LA PRINCESSE

C'est la vraie tragédie.

L'ABBÉ

Certainement! les poëtes disent tous: Je chante... Je chante...

LE PRINCE

Arma virumque cano...

LA PRINCESSE

Qu'est-ce que c'est que cela?

L'ABBÉ

C'est de l'Horace ou du Virgile.

ATHÉNAÏS

Ah! l'abbé, vous devenez pédant!

LA PRINCESSE

Donc plus la tragédie est *chantée...* mieux cela vaut.

L'ABBÉ

C'est sans réplique.

ATHÉNAÏS

Eh bien, moi, je m'en rapporte à monsieur le comte!

LA PRINCESSE

Je ne demande pas mieux, qu'il prononce!

MAURICE

Moi, mesdames? je serais un juge bien peu compétent. Un soldat qui ne sait que se battre... un étranger qui connaît à peine votre langue.

ATHÉNAÏS

Laissez donc! on prétend que vous vous formez... que vous faites des progrès étonnants, que vous étudiez nos bons auteurs. (*A la princesse.*) Oui, vraiment, dans la dernière campagne, Florestan l'a surpris sous sa tente, récitant seul des vers de Racine ou de Corneille.

LA PRINCESSE, *riant*

C'est fabuleux.

ATHÉNAÏS, *poussant un cri*

Ah! mon Dieu! deux heures, et mon mari, M. le duc d'Aumont, qui m'attend pour aller à Versailles.

LE PRINCE

Depuis quelle heure?

ATHÉNAÏS

Depuis midi.

LA PRINCESSE

Ce n'est pas trop.

ATHÉNAÏS

Venez-vous avec nous, l'abbé? Nous avons une place à vous offrir.

LE PRINCE, *retenant l'abbé par la main*

Non!... je le garde!... j'ai à lui lire ce matin la moitié du dernier volume de mon traité...

L'ABBÉ, *bas à la princesse d'un air misérable*

Vous l'entendez?...

LE PRINCE

Impossible de remettre... l'imprimeur attend... et je l'emmène dans mon cabinet!

ATHÉNAÏS

Pauvre abbé!... Adieu, messieurs! (*A la princesse.*) Adieu, ma toute belle, à demain!

(*Athénaïs sort par le fond, l'abbé et le prince sortent par la porte à droite.*)

SCÈNE IV

MAURICE, LA PRINCESSE

LA PRINCESSE, *après avoir attendu que toutes les portes fussent refermées, se rapprochant vivement de Maurice*

Enfin donc on vous revoit! Depuis deux mois, pas une seule ligne de vous! C'est par la duchesse d'Aumont que j'ai appris votre retour et j'ai cru que je ne recevrais pas votre visite.

MAURICE

Ma première a été pour vous, princesse... arrivé cette nuit...

LA PRINCESSE

Vous n'avez vu de la matinée personne encore?

MAURICE

Que le secrétaire d'État au département de la guerre... (*Ayant l'air de chercher.*) le cardinal-ministre... et le premier commis qui tous, du reste, m'ont assez mal accueilli et m'ont donné peu d'espoir!

LA PRINCESSE

D'autres vous ont dédommagé!

MAURICE

Que voulez-vous dire?

LA PRINCESSE, *qui depuis le commencement de la scène a tenu les yeux fixés sur un bouquet que Maurice porte à la boutonnière de son habit*

Je ne m'imagine pas que ce soit le secrétaire d'État ou le cardinal-ministre qui vous ait donné ce bouquet de roses.

MAURICE, *avec embarras*

C'est vrai! je n'y pensais plus! vous voyez tout!

LA PRINCESSE

De qui vous viennent ces fleurs?

MAURICE, *riant*

De qui?... eh! mais, d'une petite bouquetière... fort jolie, ma foi... que j'ai rencontrée presque aux portes de votre hôtel et qui m'a supplié si vivement de le lui acheter...

LA PRINCESSE

Que vous avez pensé à moi...

MAURICE, *vivement*

Oui, princesse!

LA PRINCESSE

Quel aimable souvenir!... j'accepte, monsieur le comte, j'accepte...

MAURICE, *avec embarras, lui présentant le bouquet*

Vous êtes trop bonne!...

LA PRINCESSE, *à voix haute et feignant de l'admirer*

Il est charmant!... L'essentiel, en ce moment, quoique peut-être vous méritiez peu qu'on s'occupe de vous... est de songer à vos intérêts... vous dites que le cardinal-ministre... vous a mal accueilli...

MAURICE

Fort mal.

LA PRINCESSE

Je verrai à faire changer ses dispositions... on vous accordera vos deux régiments.

MAURICE

S'il était vrai!...

LA PRINCESSE

J'irai à Versailles... et pour vous tenir au courant de ce que j'aurai fait, de ce que j'aurai appris...

MAURICE

Je viendrai ici...

LA PRINCESSE

Ici... non, la foule des curieux et des importuns, sans compter mon mari, ne me laisse pas un instant de liberté... Mais écoutez-moi: M. le prince de Bouillon a acheté, pour la Duclos, une petite maison charmante, délicieuse, près de la Grange-Batelière... à deux pas de l'enceinte de Paris... j'en puis disposer... c'est là seulement que je vous recevrai.

MAURICE

Dans cette maison qui appartient...

LA PRINCESSE

A mon mari... raison de plus! chez lui, c'est chez moi...

MAURICE, *gaiement*

En vérité, princesse, il n'y a que vous pour de telles combinaisons!

LA PRINCESSE

Oui, c'est assez ingénieux... Quand ce sera possible et nécessaire, c'est mademoiselle Duclos elle-même qui vous en préviendra en vous écrivant, jamais moi!

MAURICE, *de même*

Mais ne craignez-vous pas?...

LA PRINCESSE

Rien!... la Duclos m'est dévouée... son sort est dans mes mains...

MAURICE

Je comprends... mais moi... (*A part.*) Accepter quand j'en aime une autre... non, mieux vaut tout lui dire... (*Haut.*) Je ne sais, princesse, comment vous remercier de votre générosité, de votre dévouement...

LA PRINCESSE

En acceptant!... Silence! on vient!... qu'est-ce?

(*Se retournant avec impatience et apercevant l'abbé qui vient d'entrer par la porte à droite.*) Rien... c'est l'abbé...

MAURICE, *salue respectueusement la princesse et sort par le fond.—A part*

Plus tard! plus tard!

SCÈNE V

LA PRINCESSE, *qui est remontée avec Maurice jusqu'au fond du théâtre*, L'ABBÉ, *se jetant dans un fauteuil à droite*

L'ABBÉ

Soixante pages de chimie!

(*Il tire de sa poche un flacon de sels qu'il respire à plusieurs reprises.*)

LA PRINCESSE, *redescendant le théâtre en rêvant et en regardant le bouquet*

Une bouquetière qui attache ses fleurs avec cordons soie et or!... Cet embarras... cette froideur... sont de quelqu'un qui n'aime plus!... cela peut arriver à tout le monde... mais si cette passion, qui lui a fait dédaigner la fille du czar... était, non pas pour moi, mais pour une autre!... une rivale! une rivale préférée!... Je m'emporte!... non... non... sans me mettre en avant, sans me compromettre... je le saurai!

(Elle redescend toujours le théâtre vers le fauteuil où l'abbé est assis et s'assied sur une chaise à côté de lui.)

L'ABBÉ, *respirant un flacon*

Soixante pages de chimie! c'est au-dessus de mes forces! je donne ma démission! je renonce à mon emploi d'ami de la maison... (*Regardant la princesse.*) puisqu'il n'y a décidément ni avancement, ni indemnité à obtenir...

LA PRINCESSE, *à demi-voix*

Et pourquoi donc, l'abbé?...

L'ABBÉ

Que voulez-vous dire?...

LA PRINCESSE

Écoutez-moi vite!... Une amie à moi... une amie intime...

L'ABBÉ

La duchesse d'Aumont?

LA PRINCESSE

Peut-être!... je ne nomme personne... désire, avec ardeur... avec passion... enfin... comme nous désirons, nous autres femmes... désire découvrir un secret que l'on cache avec soin.

L'ABBÉ

Lequel?

LA PRINCESSE

Quelle est la beauté mystérieuse... inconnue... qu'adore en ce moment Maurice de Saxe?... car il y en a une! Vous, l'abbé, qui savez tout... qui, par état, devez tout savoir...

L'ABBÉ

Certainement!

LA PRINCESSE

J'ai pensé que vous pourriez nous rendre ce service.

L'ABBÉ

C'est très-difficile!

LA PRINCESSE

Voilà un mot que je n'admets pas!

L'ABBÉ

Pour moi surtout... qui, dans ce moment, n'ai pas de chance et ne suis pas heureux...

LA PRINCESSE

Le bonheur dépend souvent du bien jouer... Les heureux sont les habiles...

L'ABBÉ

Et si j'étais assez habile... pour découvrir ce secret...

LA PRINCESSE

Je pourrais peut-être, à mon tour... vous en confier un... auquel vous paraissiez tenir...

L'ABBÉ, *avec joie*

O ciel! est-il possible!

LA PRINCESSE

Vous voyez donc bien que vous aviez tort de vous plaindre! Aide-toi, le ciel t'aidera!... Ce n'est plus de moi... c'est de vous seul que tout dépend... Adieu... adieu!...

(*Elle sort par la porte à gauche.*)

SCÈNE VI

L'ABBÉ *seul, puis* LE PRINCE

L'ABBÉ

L'ai-je bien entendu?

Sors vainqueur d'un combat dont Chimène est le prix!

Mais comment en sortir?... Le comte de Saxe, qui est la discrétion même, ne me confiera rien... Je ne suis pas son ami... impossible de le trahir. A qui donc m'adresser... pour épier, pour savoir... et pour obtenir la récompense?...

LE PRINCE, *entrant*

Miracle! l'abbé qui réfléchit!

L'ABBÉ

Oui, sans doute... et sur un problème... qui n'est pas facile à résoudre!...

LE PRINCE

Un problème!... cela nous regarde, nous autres savants!

L'ABBÉ, *le regardant en riant*

Au fait... c'est vrai... cela le regarde... ça l'intéresse... en un sens.

LE PRINCE

Voyons, l'abbé... voyons... qu'est-ce qui te tourmente?

L'ABBÉ, *amenant le prince au bord du théâtre*

Il est impossible que Maurice de Saxe, qui est si galant et si à la mode, n'ait pas au moins un amour dans le cœur?

LE PRINCE, *riant*

Eh bien! qu'est-ce que cela te fait à toi, l'abbé?

L'ABBÉ

Cela me fait... que pour des raisons inutiles à vous expliquer... des raisons personnelles, de la plus haute importance... je tiendrais à savoir quelle est sa passion actuelle... la beauté régnante...

LE PRINCE, *avec bonhomie*

Je te saurai cela!

L'ABBÉ

Vous!

LE PRINCE

Moi! dès ce soir...

L'ABBÉ

Allons donc... ce serait trop original!

LE PRINCE

Veux-tu parier deux cents louis?

L'ABBÉ

C'est cher! mais cela vaut ça... pour la rareté du fait. (*Au prince qui vient de sonner.*) Que faites-vous donc?

LE PRINCE, *à un domestique qui paraît*

Mes chevaux... (*A l'abbé.*) Veux-tu venir ce soir avec moi à la Comédie-Française?... la Lecouvreur et la Duclos jouent dans *Bajazet*.

L'ABBÉ

Volontiers... Mais qu'est-ce que cela fait à notre affaire?...

LE PRINCE

La Duclos connaît le nom que tu veux savoir...

L'ABBÉ

En vérité!...

LE PRINCE

L'autre soir, au moment où j'entrais dans sa loge comme on parlait de Maurice de Saxe... la Duclos disait en riant: «Je connais une grande dame qu'il adore...» Elle s'est arrêtée en me voyant... Mais tu sens bien que si je le lui demande... elle n'a rien à me refuser... Elle me le dira en confidence... je te le dirai en secret...

L'ABBÉ

Et c'est par vous que je l'apprendrai!... C'est impayable.

LE PRINCE, *riant*

Impayable? non pas... tu me paieras les deux cents louis du pari... Vivent les abbés!

L'ABBÉ

Vivent les savants! Donnons-nous la main!

LE PRINCE

Et à la Comédie-Française!

(Ils sortent ensemble en se donnant la main.)

ACTE DEUXIÈME

Foyer de la Comédie-Française; à gauche, deux portes par lesquelles on pénètre sur le théâtre; entre les deux portes, une glace avec des candélabres; au fond, une grande cheminée sur laquelle est un buste de Molière; devant la cheminée, des fauteuils rangés en cercle; à droite, deux portes par lesquelles on va dans la salle; aux deux angles du foyer, les bustes de Racine et de Corneille placés sur des demi-colonnes; au fond, sur la muraille, et des deux côtés de la cheminée, les portraits de Baron, de la Champmeslé, etc. Au lever du rideau, Mlle Jouvenot, en costume de Zatime, dans *Bajazet*, est devant la glace, à gauche, et met la dernière main à sa coiffure; plus loin, Mlle Dangeville, dans le rôle de Lisette des *Folies amoureuses*, est assise et cause avec un jeune seigneur, qui est derrière elle appuyé sur son fauteuil; au fond, debout ou assis devant la cheminée, plusieurs des acteurs qui jouent dans *Bajazet* ou *les Folies amoureuses*. Michonnet, au milieu du théâtre, va et vient et répond à tout le monde; à droite, et devant une table, Quinault, dans le costume du vizir Acomat, et Poisson, en costume de Crispin, jouent une partie d'échecs; d'autres acteurs et actrices se promènent en causant ou en étudiant leurs rôles.

SCÈNE PREMIÈRE

MLLE JOUVENOT, MLLE DANGEVILLE, MICHONNET, QUINAULT, POISSON

MLLE JOUVENOT

Michonnet, avez-vous du rouge?

MICHONNET

Oui, mademoiselle, là, dans ce tiroir.

POISSON

Michonnet!

MICHONNET

Monsieur Poisson...

POISSON

La recette est-elle belle ce soir?

MICHONNET

Adrienne et la Duclos jouant ensemble dans *Bajazet* pour la première fois! plus de cinq mille livres!

POISSON

Diable!

MLLE DANGEVILLE

Michonnet! A quelle heure commencera la seconde pièce, *les Folies amoureuses?*

MICHONNET

A huit heures, mademoiselle...

QUINAULT, *jouant au tric-trac*

Michonnet!

MICHONNET

Monsieur Quinault...

QUINAULT

N'oubliez pas mon poignard.

MICHONNET

Non... non... (*A part.*) Michonnet!... toujours Michonnet!... Pas un instant de repos... et à qui la faute?... à moi, qui me suis mis sur le pied de tout surveiller... jusqu'aux accessoires, et qui ne dormirais pas tranquille si je n'avais remis moi-même à Hippolyte son épée et à Cléopâtre son aspic... Distribuer tous les soirs des parures en rubis ou des bourses pleines d'or... et quinze cents livres d'appointements... quelle ironie!... Si au moins ils m'avaient nommé sociétaire!... cela ne rapporte pas grand'chose, mais on est de la Comédie-Française... On signe: *Michonnet, de la Comédie-Française!* Au lieu de cela: premier confident tragique et régisseur général... c'est-à-dire obligé d'écouter les tirades et les ordres de tout le monde...

MLLE JOUVENOT

Adrienne aura-t-elle ce soir ses diamants?

MLLE DANGEVILLE

Ceux que lui a donnés la reine?

MLLE JOUVENOT

A ce qu'elle dit!

MICHONNET

Ces diamants-là lui ont fait bien des ennemis!

MLLE JOUVENOT

Il n'y a pas de quoi!... Il est si facile d'avoir des diamants...

MICHONNET, *entre ses dents*

A vous autres... mais à nous, qui n'avons que nos appointements... ou à celles qui n'ont que leur mérite...

MLLE JOUVENOT, *avec fierté*

Qu'est-ce à dire?...

MICHONNET

Rien, mademoiselle, rien!... (*A part.*) Ah! si tu n'étais pas sociétaire! si je n'avais pas besoin de toi pour le devenir... comme je te répondrais!... comme je t'aurais trouvé quelque chose de bien piquant et de bien spirituel!...

QUINAULT, *d'un air important*

Échec et mat... Vous n'êtes pas de force, mon cher...

POISSON

Quoi! monsieur Quinault! tu ne me tutoies plus!...

MLLE DANGEVILLE

C'est un manque d'égards...

POISSON

Que voulez-vous! depuis que mademoiselle Quinault, sa sœur et notre camarade, a épousé le duc de Nevers... il se croit duc et pair par alliance... Voyons, dis-le franchement, veux-tu que je t'appelle monseigneur?

QUINAULT

Il suffit... Commence-t-on?...

MICHONNET

Ne craignez rien... je vous avertirai... je suis la pendule du foyer.

MLLE JOUVENOT

Pendule qui jamais ne retarde!

MICHONNET

C'est vrai! le moindre manquement dans le répertoire bouleverse tout mon être, et un jour de clôture est un jour de relâche dans mon existence.

SCÈNE II

MLLE JOUVENOT, MLLE DANGEVILLE, *et d'autres dames devant la cheminée, au fond*; MICHONNET, *sur le devant du théâtre*; L'ABBÉ, LE PRINCE *et plusieurs seigneurs venant de la salle et entrant par la porte à droite;* QUINAULT *et* POISSON, *sur le devant, à droite, et remontant, après l'entrée des seigneurs, pour aller causer avec eux*

MICHONNET

Allons, encore des étrangers qui viennent dans nos foyers, dans nos coulisses... (*L'abbé, le prince et les seigneurs s'approchent des dames, qui sont près de la cheminée, les saluent et causent avec elles.—Reconnaissant et saluant.*) Ah!... monsieur l'abbé de Chazeuil, monseigneur le prince de Bouillon! (*A part.*) Quand je pense que cet homme-là pourrait, d'un mot, me faire nommer sociétaire... je ne peux pas m'empêcher de le regarder avec respect!... Quelle bassesse!... moi, qui blâme ces dames et leurs parures!...

(*Le prince, l'abbé, Quinault, Michonnet, descendent sur le devant du théâtre.*)

L'ABBÉ, *s'adressant à Quinault*

Bonsoir, vizir!... On dit, monsieur Quinault, que vous serez admirable dans *Bajazet.*

LE PRINCE

Ainsi que mademoiselle Duclos!

MICHONNET

Et Adrienne donc!... sublime!...

QUINAULT

Oui, ça a fini par la gagner!... (*Souriant.*) Ce n'est pas sans peine! car, sans me vanter, il n'y a pas dans le rôle de Roxane une seule intonation que je ne lui aie donnée...

MICHONNET, *avec colère*

Par exemple!

QUINAULT, *avec hauteur*

Qu'est-ce que c'est?

MICHONNET, *s'arrêtant*

Rien. (*A part.*) Encore un qui est sociétaire... sans cela!... (*Regardant par la porte à droite.*) C'est Adrienne qui descend de sa loge... la voici.

L'ABBÉ

Oui, vraiment, elle étudie son rôle!

MICHONNET

Toute seule! (*A part et regardant Quinault.*) et sans monsieur... c'est étonnant!

SCÈNE III

MLLE DANGEVILLE, MLLE JOUVENOT, *près de la glace à gauche*; LE PRINCE, ADRIENNE, *entrant par la porte à droite et étudiant son rôle*; L'ABBÉ, MICHONNET, QUINAULT

ADRIENNE, *étudiant*

Du sultan Amurat je reconnais l'empire:
Sortez! Que le sérail soit désormais fermé...

Non, ce n'est pas cela! (*Essayant une autre manière.*)

Sortez! que le sérail soit désormais fermé;
Et que tout rentre ici dans l'ordre accoutumé!

L'ABBÉ, *qui s'approche d'elle*

Superbe!

ADRIENNE

Monsieur l'abbé de Chazeuil!

LE PRINCE

Éblouissant!

MLLE JOUVENOT

Vous voulez parler des diamants?

LE PRINCE

Ceux de la reine! fort beaux en effet! Quand mademoiselle Lecouvreur voudra s'en défaire, je lui en ai déjà offert soixante mille livres! (*Mlle Jouvenot et Mlle Dangeville remontent vers la cheminée qui est au fond du théâtre.—A Adrienne.*) Vous étudiez donc toujours? que cherchez-vous encore?

ADRIENNE

La vérité.

L'ABBÉ, *regardant Quinault*

Mais vous avez eu des leçons des premiers maîtres.

MICHONNET, *à Quinault, qui veut sortir*

Restez donc, monsieur Quinault, on ne commence pas encore.

L'ABBÉ, *à Adrienne*

Pour le rôle de Roxane, par example!

ADRIENNE

Eh! mon Dieu, non, par malheur! (*Apercevant Michonnet.*) Je me trompe, j'allais être ingrate en disant que je n'avais pas eu de maître. Il est un homme de cœur, un ami sincère et difficile, dont les conseils m'ont toujours guidée, dont l'affection m'a toujours soutenue... (*Passant près de Michonnet, à qui elle tend la main.*) lui! et je ne suis sûre du succès que quand je lui ai entendu dire: C'est cela! c'est bien cela!

MICHONNET, *à moitié pleurant*

Ah! Adrienne! vois-tu? ce trait-là... j'étouffe!

L'ABBÉ, *qui est passé près de Michonnet, à l'extrême droite du théâtre*

Mais, monsieur Michonnet, dites-moi comment, vous qui donnez de si bons conseils, vous êtes...

MICHONNET

Comment je suis si mauvais, n'est-ce pas, monsieur l'abbé? je me le suis souvent demandé. Cela tient, je crois, à ce que je ne suis pas sociétaire.

L'AVERTISSEUR

Messieurs et mesdames, le premier acte va commencer!

QUINAULT, *au fond*

Et ces dames, qui ne sont pas prêtes!

ADRIENNE, *traversant le théâtre et passant près de la glace à gauche*

Je le suis.

MLLE DANGEVILLE, *redescendant*

Et moi aussi, quoique je ne joue que dans la seconde pièce!

QUINAULT

Mais mademoiselle Duclos?

MICHONNET

Il y a un quart d'heure que je suis entré dans sa loge, où elle écrivait... tout habillée.

LE PRINCE

Ah! elle écrivait!

MLLE DANGEVILLE

En costume! (*A l'abbé, qui lui parle de près.*) Prenez donc garde, l'abbé, vous chiffonnez le mien!

MICHONNET

Il fallait que ce fût une épître bien pressée!

MLLE DANGEVILLE, *regardant le prince*

Ou qu'on attendît avec bien de l'impatience.

LE PRINCE

Qu'est-ce que cela signifie?...

MLLE JOUVENOT, *à demi-voix, au prince de Bouillon*

Je vais vous le dire... La femme de chambre de mademoiselle Duclos...

LE PRINCE, *souriant*

Pénélope?

MLLE JOUVENOT

Prétendait tout à l'heure, en montrant une lettre, qu'elle avait là un petit billet que monsieur le prince paierait bien cher.

LE PRINCE

Moi! le payer!

MLLE JOUVENOT

Ce qui donnerait à penser qu'il n'était pas pour vous! Après cela, c'est une supposition... parce que chez nous, en fait d'infidélités... on suppose volontiers... on bavarde, on cause, on invente, et presque toujours cela se rencontre juste.

POISSON, *qui est assis près de la table, à droite*

Le hasard!...

LE PRINCE, *vivement et à part*

O ciel! je cours interroger Pénélope. (*Bas à l'abbé.*) Je vais, l'abbé, m'occuper de notre affaire...

L'ABBÉ

A merveille... Où vous retrouverai-je?

LE PRINCE

Ici... après le troisième acte.

L'ABBÉ

C'est convenu.

MICHONNET

Allons, mademoiselle Jouvenot, allons, monsieur Quinault!

(*Les dames sortent par la porte à gauche qui est celle du théâtre.*)

QUINAULT, *que Michonnet presse toujours*

Me voici... me voici!... (*Rencontrant l'abbé à la porte à gauche.*) Après vous, monsieur l'abbé.

L'ABBÉ

Après Votre Excellence turque!

(*Tous les deux sortent par la porte à gauche.*)

LE PRINCE, *à part et se dirigeant vers la porte à droite*

Je me suis toujours défié de cette petite Pénélope... rien que ce nom-là, au théâtre, devait porter malheur.

(*Il sort par la porte à droite.*)

SCÈNE IV

ADRIENNE, *assise à gauche*, MICHONNET

MICHONNET, *regardant Adrienne, qui s'est remise à étudier son rôle à voix basse*

Dire qu'elle a une amitié pareille pour moi, et voilà cinq ans que j'hésite toujours à lui avouer... C'est tout simple... elle est sociétaire... et je ne le suis pas! elle est jeune, et je ne le suis plus! Et puis aujourd'hui me semble un mauvais jour... attendons à demain... Il est vrai que demain je serai encore moins jeune... D'ailleurs elle n'aime rien... que la tragédie... (*S'avançant en se donnant du courage.*) Allons!... (*Avec embarras et s'approchant d'Adrienne.*) Tu étudies ton rôle?

ADRIENNE

Oui.

MICHONNET, *avec embarras*

A propos de rôle... et si ça ne te dérange pas... moi qui depuis si longtemps... fais les confidents, j'aurais bien à mon tour... quelque chose...

ADRIENNE, *avec intérêt*

A me confier...

MICHONNET

Oui, vraiment!... Tu te rappelles mon grand-oncle, l'épicier de la rue Férou?

ADRIENNE

Sans doute.

MICHONNET

Eh bien! ce pauvre homme vient de mourir.

ADRIENNE

Ah! tant pis!

MICHONNET

Oui, oui, tant pis! Mais pourtant il me laisse sur son héritage dix bonnes mille livres tournois.

ADRIENNE

Tant mieux!

MICHONNET

Pas tant tant mieux!... parce que moi, qui n'ai jamais eu tant d'argent, je ne sais qu'en faire, et ça me tourmente.

ADRIENNE, *souriant*

Tant pis, alors...

MICHONNET

Pas tant... parce que ça m'a donné une idée qui ne me serait peut-être pas venue sans cela... celle de me marier...

ADRIENNE

Vous avez raison... (*Avec un soupir.*) et si je le pouvais aussi... moi...

MICHONNET, *avec joie*

Ce ne serait pas loin de ta pensée?

ADRIENNE

N'avez-vous pas remarqué qu'ils disent tous, depuis quelque temps: Le talent d'Adrienne est bien changé!

MICHONNET, *vivement*

C'est vrai!... il augmente!... Jamais tu n'as joué Phèdre comme avant-hier.

ADRIENNE, *avec animation et contentement*

N'est-ce pas?... Ce jour-là, je souffrais tant! j'étais si malheureuse!... (*Souriant.*) On n'a pas tous les soirs ce bonheur-là!

MICHONNET

Et d'où cela venait-il?

ADRIENNE

On parlait d'un combat!... et pas de nouvelles!... blessé... tué peut-être!... Ah! tout ce qu'il y a dans le cœur de crainte, de douleur, de désespoir, j'ai tout deviné, tout souffert!... je puis tout exprimer maintenant, surtout la joie... je l'ai revu!

MICHONNET, *hors de lui*

Qu'entends-je, ô ciel!... tu aimes quelqu'un...

ADRIENNE

Comment vous le cacher, à vous, mon meilleur ami!

MICHONNET, *cherchant à se remettre*

Mais... comment cela est-il arrivé?

ADRIENNE

C'était à la sortie du bal de l'Opéra! de jeunes officiers, dont un joyeux souper égarait sans doute la raison (lequel d'entre eux, sans cela, eût osé insulter une femme?) voulaient m'empêcher de regagner ma voiture, lorsqu'un jeune homme que je ne connaissais pas s'écria: «Messieurs, c'est mademoiselle Lecouvreur... vous la laisserez passer»; et comme mes quatre adversaires... (ils étaient quatre) se mirent à rire de cet ordre, par un mouvement plus prompt que la parole et avec une force surnaturelle, mon étrange protecteur renverse, de chaque côté et d'un seul coup, deux de ses ennemis, puis m'enlevant dans ses bras et me portant jusqu'à ma voiture, il me dépose sur les coussins, au moment où nos jeunes officiers, qui s'étaient relevés, accouraient l'épée à la main: «Monsieur, vous me rendrez raison!—Très-volontiers!—Vous commencerez par moi.—Par moi!—par moi!—Lequel choisissez-vous?—Tous,» répondit-il en les chargeant à la fois... et au cri que je poussai: «Ne craignez rien, restez, mademoiselle, me dit-il, vous serez aux premières loges; et nous, messieurs, allons, en scène!» Que vous dirai-je? quoique saisie de frayeur, je ne pouvais détacher mes yeux de ce spectacle... et si vous l'aviez vu braver en se jouant la pointe de ces quatre épées dirigées contre sa poitrine, c'était le bras et le regard d'un héros. Loin de reculer, il les défiait! il les appelait! on semblait entendre:

Paraissez Navarrois, Maures et Castillans,
Et tout ce que l'Espagne a produit de vaillants!

Mais aux cris de la foule, le guet arrivait de tous côtés... Nos adversaires, honteux de leur nombre et redoutant les flambeaux, disparaissaient l'un après l'autre du champ de bataille...

Et le combat finit faute de combattants!

MICHONNET, *vivement*

Et tu l'as revu?

ADRIENNE

Dès le lendemain!... Pouvais-je l'empêcher de se présenter chez moi, de venir s'informer de mes nouvelles, surtout quand il m'eût avoué que lui, étranger, simple officier, n'avait de fortune, de titres, de nom même à attendre que de son courage... Voilà ce qui le rendait si redoutable pour moi!... Riche et puissant, peu m'importait; mais pauvre, mais malheureux, mais ne rêvant, comme moi, que l'amour et la gloire, comment lui résister?

MICHONNET

O ciel!

ADRIENNE

Parti, depuis trois mois, pour chercher fortune avec le jeune comte de Saxe, fils du roi de Pologne, son compatriote, il est revenu ce matin, et sa première visite a été pour moi; mais son général, mais le ministre, qui l'attendaient à Versailles, ont abrégé encore le peu d'instants qu'il me donnait; aussi ce soir, il me l'a promis, il viendra ici au théâtre!...

MICHONNET

Il viendra!

ADRIENNE

Me voir jouer Roxane!

MICHONNET, *vivement*

Ah! mon Dieu! et dans quel état te voilà! Ce trouble... cette émotion... tu ne pourras rien détailler... rien calculer!

ADRIENNE

Qu'importe!

MICHONNET

Ce qu'il importe?... c'est qu'aujourd'hui, pour la première fois, tu joues ce rôle avec la Duclos!

ADRIENNE, *sans l'écouter*

Soyez tranquille!...

MICHONNET

Je ne le suis pas! Il faut du calme et du sang-froid, même dans l'inspiration. La Duclos se possédera... elle profitera de ses avantages... tandis que toi... tu ne verras que lui...

ADRIENNE, *avec passion*

C'est vrai!... et si dans la salle mon œil le découvre...

MICHONNET, *avec désespoir*

Tu es perdue!... Ne t'occupe que de ton rôle... L'amour passe, mais un beau rôle, une belle création, un triomphe éclatant, cela reste toujours! (*D'un air suppliant.*) Voyons! est-ce qu'il ne t'est pas possible de ne pas penser à lui?

ADRIENNE

Hélas! non!

MICHONNET

Pour ce soir du moins! Adrienne, mon enfant, sois magnifique! je t'en supplie, sois magnifique; si ce n'est pas pour moi, eh bien! que ce soit dans l'intérêt même de cette folle passion! L'amour des hommes ne vit que d'amour-propre!... et si la Duclos l'emportait sur toi... si tu n'étais pas la plus belle!...

ADRIENNE, *poussant un cri*

Je le serai!

MICHONNET, *avec reconnaissance*

Merci!

ADRIENNE, *avec émotion et lui tendant la main*

C'est plutôt à moi de vous remercier, mon excellent ami!...

MICHONNET, *à part*

Dis plutôt: imbécile de Michonnet! (*Prêt à s'en aller, revenant sur ses pas.*) Il y a un endroit que tu négliges toujours:

N'aurais-je tout tenté que pour une rivale!...

Vois-tu, Adrienne... cette pauvre femme! ce qui excite encore plus son dépit, c'est que c'est justement pour une rivale que... tu sais... et alors... elle éprouve... là... elle se dit... Je ne peux pas bien rendre l'expression... mais tu me comprends.

ADRIENNE, *déclamant*

N'aurais-je tout tenté que pour une rivale!

MICHONNET, *avec joie*

C'est cela!

ADRIENNE

Ne craignez rien!... Mais vous... ce que vous vouliez me dire... tout à l'heure... de vos idées de mariage?

MICHONNET, *vivement*

Non, c'est inutile, ce n'est plus le moment... Je te laisse étudier. (*A part.*) Allons, j'ai beau faire, je ne peux pas sortir de mon emploi de confident... Et l'héritage de mon oncle, et mes projets... (*Essuyant une larme.*) Ne pensons plus à rien... à rien au monde!... (*Il fait quelques pas pour sortir par la porte à gauche et revient près d'Adrienne qui vient de traverser le théâtre et repasse à droite.*) Bois une gorgée d'eau en entrant en scène, et surtout n'oublie pas... tu sais... ton... enfin comme tu as dit!...

(*Il sort.*)

SCÈNE V

MAURICE, *entrant par la porte à droite et s'avançant au milieu du théâtre;* ADRIENNE, *à droite, debout, étudiant et lui tournant le dos*

ADRIENNE, *à droite, étudiant*

Mes brigues, mes complots... ma trahison fatale...
N'aurais-je tout tenté que pour une rivale!...
Que pour une rivale!...

MAURICE, *se tournant du côté des bustes et des portraits qu'il regarde*

C'est beau, le foyer de la Comédie-Française... beau de gloire et de souvenirs... Rien qu'en traversant ces longs corridors, où semblent errer tant d'ombres illustres... on sent là comme un certain respect, surtout quand on y vient, comme moi, pour la première fois... Aussi, je l'espère, personne ne m'y connaît... pas même Adrienne... le mystère est le dernier égard que je doive à madame de Bouillon.

ADRIENNE, *levant les yeux et l'apercevant*

Maurice!

MAURICE

Adrienne!

ADRIENNE

Vous! ici!

MAURICE

J'étais arrivé le premier, ou peu s'en faut, pour ne rien perdre de vous!

ADRIENNE

Miséricorde! on vous aura pris pour un clerc de procureur!

MAURICE

Soit! ceux-là s'y connaissent aussi bien que d'autres; car, au nom seul d'Adrienne, ils tressaillent et crient: Bravo! Mais la toile s'était levée, je ne voyais que le grand vizir et son confident.

ADRIENNE

Patience!

MAURICE

Je n'en ai pas quand je suis si près et si loin de vous... J'ai aperçu une petite porte par laquelle venait de passer une façon de gentilhomme... Puisqu'il entrait, j'en pouvais faire autant... «On ne passe pas! Que demandez-vous?—Mademoiselle Lecouvreur... J'ai à lui parler... Elle m'attend...»

ADRIENNE

Imprudent!... me compromettre!

MAURICE

En quoi? Parce qu'on n'est pas gentilhomme de la chambre, on n'a pas le droit de vous admirer de près... Il faut, à l'écart, dans un coin de la salle, frémir ou sangloter, sans vous remercier de ce cœur que vous avez fait battre ou de cette tête que vous avez exaltée... Il aurait fallu attendre jusqu'à ce soir pour vous dire: Adrienne, je t'aime!

ADRIENNE, *mettant un doigt sur sa bouche*

Silence! (*Lui montrant son costume.*) Roxane va vous entendre! Mais avant que je vous renvoie, dites-moi bien vite, car à peine ce matin ai-je pu vous entrevoir... Avez-vous fait de bien belles actions?... me rapportez-vous quelque beau trait bien héroïque?

MAURICE

Ah! s'il n'avait tenu qu'à moi!...

ADRIENNE

Vous êtes trop difficile! Votre jeune général, le comte de Saxe, dont on dit tant de bien, et que je voudrais bien voir, est-il satisfait de vous, monsieur?

MAURICE

Oh! le comte de Saxe est plus difficile encore que moi... Mais enfin je ne l'ai pas quitté et j'ai été blessé!

ADRIENNE

Près de lui?

MAURICE

Très-près.

ADRIENNE

C'est bien! l'idée seule de vous savoir blessé me fait frémir, et cependant il me semble qu'en suivant les périls, vous suivez votre route; que les chemins qui s'élèvent sont les vôtres!... Je vous ai déjà vu l'épée à la main, et quand je vous écoute, quand vous me racontez, en riant, quelqu'une de vos actions de guerre... ne vous moquez pas de mes présages... je devine en vous un grand homme, un héros!

MAURICE

Enfant!

ADRIENNE

Oh! je m'y connais! je vis au milieu des héros de tous les pays, moi! Eh bien! vous avez dans l'accent, dans le coup d'œil, je ne sais quoi qui sent son Rodrigue et son Nicomède... aussi, vous arriverez!

MAURICE

Vous croyez?

ADRIENNE

Vous arriverez!... je saurai bien t'y forcer.

MAURICE

Comment?

ADRIENNE

Je vous vanterai tant le comte de Saxe, votre jeune compatriote, dont toutes ces dames raffolent, qu'il faudra que vous l'égaliez, ne fût-ce que par jalousie!

MAURICE, *souriant*

Je n'ai pas idée que je sois jamais jaloux de lui!

ADRIENNE

Présomptueux!... Mais avez-vous vu le ministre?

MAURICE

Pas encore, mais je vais lui écrire.

ADRIENNE

Oh! non, n'écrivez pas!

MAURICE

Pourquoi?

ADRIENNE

Parce que, vous savez... l'orthographe...

MAURICE

Eh bien?

ADRIENNE

Eh bien! la première lettre de vous que j'ai reçue était bien chaleureuse, bien tendre, et elle m'a touchée profondément, mais en même temps elle m'a fait rire aux larmes... une orthographe d'une invention!

MAURICE

Qu'importe? je ne veux pas être de l'Académie.

ADRIENNE

Ce n'est pas cela qui vous en empêcherait. Mais vous savez bien que je me suis chargée de faire votre éducation, mon Sarmate, de vous polir l'esprit...

MAURICE

Et moi, je n'ai point oublié mes promesses! que de fois, là-bas, j'ai appris des scènes de Corneille!

ADRIENNE, *avec admiration*

Vous pensiez à Corneille?

MAURICE

Non pas à lui, mais à vous, qui l'interprétez si bien!

ADRIENNE

Et ce petit exemplaire de La Fontaine, que je vous avais donné en partant?

MAURICE

Il ne m'a jamais quitté... il était là, toujours là... à telles enseignes qu'il m'a sauvé d'une balle dont il a gardé l'empreinte... voyez plutôt!

ADRIENNE

Et vous l'avez lu?

MAURICE

Ma foi, non!

ADRIENNE

Pas même la fable des *Deux pigeons*, que je vous avais recommandée?

MAURICE

C'est vrai... mais, pardonnez-moi, ce n'est qu'une fable.

ADRIENNE, *d'un air de reproche*

Une fable! vous ne voyez là qu'une fable!

(*Récitant.*)

Deux pigeons s'aimaient... (*Avec expression.*) d'amour tendre...

MAURICE

Comme nous!

ADRIENNE

L'un d'eux, s'ennuyant au logis,
Fut assez fou pour entreprendre
Un voyage en lointain pays!

MAURICE

Comme moi!

ADRIENNE

L'autre lui dit: Qu'allez-vous faire?
Voulez-vous quitter votre frère?
L'absence est le plus grand des maux!

Non pas pour vous, cruel!...

MAURICE

Est-ce qu'il y a cela?

ADRIENNE, *continuant*

... Hélas! dirai-je, il pleut!
Mon frère a-t-il tout ce qu'il veut,
Bon souper, bon gîte, et le reste?

MAURICE, *vivement*

Le reste! ah! après? après?

ADRIENNE, *souriant*

Après? (*Avec finesse.*) Ah! cela vous intéresse donc, monsieur? et si je vous disais les malheurs de celui qui s'éloigne... et plus encore, ingrat, les tourments de celui qui reste...

(*Vivement.*)

Non, non!

Voilà nos gens rejoints; et je laisse à juger
De combien de plaisirs ils payèrent leurs peines!
Amants, heureux amants, voulez-vous voyager?
Que ce soit aux rives prochaines!
Soyez-vous l'un à l'autre un monde toujours beau,
Toujours divers, toujours nouveau,
Tenez-vous lieu de tout... comptez pour rien le reste!

MAURICE

Ah! quand c'est vous qui lisez, quelle différence! c'est bien mieux que La Fontaine!

ADRIENNE

Impie!

MAURICE

A votre voix, mon cœur s'ouvre, mon intelligence s'élève, tout me devient facile!

ADRIENNE, *souriant*

Tout!... même l'orthographe!

MAURICE

A quand ma première leçon?

ADRIENNE

Ce soir, après le spectacle, venez me chercher... Voici mon entrée.

MAURICE

Adieu!

ADRIENNE

Vous allez dans la salle?... (*Vivement.*) Vous m'écouterez... (*Avec tendresse.*) Tu me regarderas?

MAURICE

Aux premières, à droite.

ADRIENNE

Que je vous voie bien! que je vous adresse tous mes vers! je tâcherai d'être belle! oh! oui, je serai belle!

(*Elle sort par la première porte à gauche.*)

MAURICE, *sortant par la droite*

A ce soir!

SCÈNE VI

MLLE JOUVENOT, LE PRINCE *sortant par la seconde porte à gauche*

LE PRINCE, *avec agitation*

Merci, mademoiselle, merci, je n'oublierai jamais le service que vous m'avez rendu!...

MLLE JOUVENOT

C'était donc vrai?

LE PRINCE, *avec humeur*

Que trop!...

MLLE JOUVENOT, *riant*

Voyez le hasard! enchantée de vous avoir été agréable!

LE PRINCE

Ah! vous appelez cela agréable!... (*Avec colère.*) Eh bien! oui!... car je ne désirais qu'une occasion de rompre avec elle.

MLLE JOUVENOT

Il fallait donc le dire!... si j'avais su plus tôt que cela vous fît plaisir!...

LE PRINCE, *avec impatience*

Eh! mademoiselle!

SCÈNE VII

MLLE JOUVENOT *va s'asseoir devant la cheminée du fond et se chauffe les pieds;* LE PRINCE, L'ABBÉ, *entrant vivement par la seconde porte à droite et se retournant avec agitation*

LE PRINCE, *courant à lui*

Ah! c'est toi, l'abbé!... (*S'efforçant de rire.*) Viens donc recevoir mes consolations... ou plutôt me prodiguer les tiennes.

L'ABBÉ

Comment cela?

LE PRINCE

L'aventure la plus piquante pour nous deux...

L'ABBÉ, *à part*

Est-ce qu'il s'agit de sa femme?

LE PRINCE

Pour toi, d'abord... tu sais notre pari de tantôt, ces deux cents louis... au sujet du comte de Saxe.

L'ABBÉ, *vivement*

Le comte de Saxe... je viens de me rencontrer nez à nez avec lui... comme il sortait de ce foyer... il y vient donc?

LE PRINCE, *vivement*

Preuve de plus!... et j'aurais, parbleu, bien voulu le voir.

L'ABBÉ

Nous le trouverons au numéro trois des premières loges.

LE PRINCE

A merveille! il s'agissait de découvrir sa passion régnante...

L'ABBÉ

Oui, vraiment...

LE PRINCE

Je n'ai pas été loin pour cela... (*Montrant Mlle Jouvenot.*) Tout m'a si bien secondé qu'il ne te reste plus, mon cher, qu'à t'exécuter.

L'ABBÉ

Sur le vu des preuves...

LE PRINCE

C'est bien ainsi que je l'entends... lis d'abord et dis-moi ton avis sur ce billet d'invitation... tiens... (*Le lui donnant.*) Il n'est pas long, mais clair et précis!...

L'ABBÉ, *lisant*

«Pour des motifs politiques que vous connaissez mieux que personne, on désire vous entretenir ce soir à dix heures, dans le plus rigoureux tête-à-tête, en ma petite maison de la Grange-Batelière, que j'ai fait dernièrement meubler. Amour et discrétion!»—Signé: «Constance»!

LE PRINCE, *avec colère*

La signature de la perfide Duclos.

L'ABBÉ, *avec étonnement*

Constance!

LE PRINCE, *avec impatience*

Eh oui: vraiment! le nom ne fait rien à la chose!... Je tiens ce billet de Pénélope, sa femme de chambre.

L'ABBÉ

Qui vous l'a remis?

LE PRINCE

Ou plutôt vendu à un taux d'autant plus exorbitant...

L'ABBÉ

Qu'ici ces valeurs-là ne sont pas rares!

LE PRINCE, *qui pendant ce temps a remonté le théâtre, parlant à un domestique*

Ce billet au numéro trois des premières, sans dire de quelle part. (*Revenant près de l'abbé.*) Et maintenant, mon cher abbé, j'ose compter sur toi!...

L'ABBÉ

Et pourquoi?

LE PRINCE

Pour te rendre témoin d'un éclat que je me dois à moi-même; je veux d'abord ce soir tout briser chez elle.

L'ABBÉ

C'est du plus mauvais goût pour un abbé et un savant!

LE PRINCE

Quand la science est trahie!...

L'ABBÉ

La science doit savoir se taire!... Le bruit est permis au comte de Saxe... à un soldat, mais à vous, presque parent de la reine... à vous, un homme marié, ce serait un scandale...

LE PRINCE

On saura toujours l'anecdote... parce qu'ici, au Théâtre-Français... Tiens, (*Montrant Mlle Jouvenot qui est à la cheminée.*) voilà déjà mademoiselle Jouvenot qui n'a encore vu personne, et qui peut-être a déjà trouvé le moyen de la dire.

L'ABBÉ

Prévenez-la... Racontez l'histoire à tout le monde!... Faites mieux encore!... une vengeance digne de vous... Les deux amants n'avaient-ils pas résolu de passer cette soirée dans le plus rigoureux tête-à-tête, dans cette petite maison qui vous appartient?

LE PRINCE

Je le crois bien! louée et meublée à mes frais.

L'ABBÉ

Raison de plus!... je ferais comme chez moi... un souper galant, délicieux, où j'inviterais ce soir toute la Comédie-Française, toutes ces dames.

LE PRINCE, *secouant la tête*

Un souper galant... délicieux...

L'ABBÉ

C'est moi qui paye, j'ai perdu le pari.

LE PRINCE, *vivement*

C'est juste!

L'ABBÉ

Au lieu du tête-à-tête, une surprise... un coup de théâtre, tableau mythologique.

LE PRINCE

Mars et Vénus.

L'ABBÉ

Surpris par... (*S'interrompant.*) Ballet-comédie, vengeance en un acte! Vous, de votre côté, allez faire vos invitations.

LE PRINCE

Toi, du tien, le plus grand secret avec la Duclos... et nous aurons ce soir un succès d'enthousiasme. (*On entend un grand bruit de bravos.*) Tiens, nous y sommes déjà.

MICHONNET, *entrant*

Eh! oui, c'est Adrienne! Entendez-vous? toute la salle applaudit; mademoiselle Duclos ne sait déjà plus où elle en est.

LE PRINCE, *applaudissant*

Bravo! cela commence.

MICHONNET

Que dit-il?

LE PRINCE, *avec colère*

Bravo!... bravo... bravo, Adrienne!

(*Ils sortent ainsi que Mlle Jouvenot, par la porte à gauche.*)

MICHONNET, *montrant le prince*

Jusqu'à celui-ci qu'elle a gagné et subjugué... Une preuve pareille de tact et de goût. (*A part.*) Je ne l'en aurais pas cru capable.

SCÈNE VIII

MICHONNET, *seul, écoutant vers la gauche*

Ah! nous voilà au monologue, et maintenant quel silence! comme elle les tient tous enchaînés à sa parole! (*Comme s'il l'entendait.*) Bien! bien! pas si vite, mon Adrienne! c'est cela! Ah! quel accent, comme c'est vrai! Applaudissez donc, imbéciles!... (*On applaudit.*) C'est bien heureux!... divine!... divine!... (*Avec jalousie.*) Ah! elle l'a aperçu, c'est évident, il est dans la salle! et penser que c'est pour un autre qu'elle joue ainsi! qu'elle le regarde en ce moment! qu'elle puise dans ses yeux tout ce génie!... c'est horrible! (*Entendant un vers.*) Comme c'est dit... c'est délicieux... je deviens fou, je ris, je pleure... Je meurs de douleur et de joie! O Adrienne! en t'écoutant, j'oublie tout, même ma jalousie, même... (*Cherchant autour de lui.*) même les accessoires... où donc est la lettre de Zatime? je la tenais tout à l'heure!... est-ce que je l'aurais perdue? Pour la première fois depuis vingt ans, il y aurait erreur ou omission par ma faute... c'est qu'une lettre turque n'est pas comme une autre, cela ne se remet point par la petite poste.

(*Il cherche dans la table à droite.*)

SCÈNE IX

MAURICE, *entrant par la porte de droite et se dirigeant vers la gauche*,
MICHONNET, *à la table à droite*

MAURICE, *au fond*

Par saint Arminius, mon patron, maudit soit le duché de Courlande!

MICHONNET, *cherchant toujours*

Ah! dans ce tiroir...

MAURICE, *toujours au fond*

Manquer à mon rendez-vous avec Adrienne... jamais!... et d'un autre côté, ce billet que la Duclos vient de m'envoyer au nom de la princesse... comment m'a-t-elle découvert au fond de cette loge?... et comment la faire attendre toute la nuit hors de son hôtel, dans cette petite maison où elle ne vient que pour moi, pour mes intérêts, pour cette réponse du cardinal de Fleury? et puis impossible de prévenir madame de Bouillon, tandis qu'Adrienne, cette pauvre Adrienne, si je pouvais lui parler et lui dire... non pas tout... mais l'essentiel.

(*Il dirige ses pas vers la gauche.*)

MICHONNET, *toujours à la table, à droite*

Où allez-vous, monsieur?

MAURICE

Je voudrais parler à mademoiselle Lecouvreur.

MICHONNET, *à part*

Encore un! et quel air agité! (*Haut.*) Impossible, monsieur, elle est en scène...

MAURICE

Quand elle en sortira...

MICHONNET

Elle n'en sortira plus.

MAURICE, *à part*

Nouveau contre-temps!... (*A Michonnet.*) Et veuillez me dire, monsieur?...

MICHONNET

Pardon, monsieur, d'autres devoirs... (*Apercevant Quinault, qui vient de la droite et traverse le théâtre.*) Acomat, mon bon, je veux dire monsieur Quinault, voulez-vous remettre à Zatime sa lettre pour Roxane, sa lettre du quatrième acte?

QUINAULT, *avec fierté*

Moi!... Je vous trouve plaisant!... Pour qui me prenez-vous?

MICHONNET

Pardon!... Veuillez dire seulement à mademoiselle Jouvenot de ne pas entrer en scène sans prendre sa lettre, qui est là sur cette table...

QUINAULT

C'est bon!... c'est bon!... on le lui dira.

(*Il entre sur le théâtre, à gauche, pendant que Maurice redescend vers la droite.*)

MICHONNET, *se levant de la table, en riant*

Il n'est pas de bonne humeur, je comprends... Roxanne va trop bien! ah! la Duclos, qui entre en ce moment... (*S'approchant de la gauche.*) Oui, évertue-toi, pauvre fille... pleure... crie!... tu aimes mieux chanter?... chante!... Tu as beau faire, tu es vaincue!...

MAURICE, *qui s'est assis à droite, près de la table, prend le parchemin que Michonnet vient d'y placer et le déroule avec curiosité.*

Rien d'écrit! Ah! palsambleu! à mon secours les ruses de guerre!

(*Il écrit quelques mots au crayon et roule le parchemin, qu'il remet sur la table.*)

MICHONNET, *regardant toujours du côté du théâtre, à gauche*

Adrienne reprend... elle parle à Bajazet, et sa voix est d'une douceur... Ah! si j'étais sociétaire, je jouerais peut-être les amoureux... On est toujours jeune quand on est sociétaire... Je l'entendrais me dire:

Écoutez, Bajazet, je sens que je vous aime!

MLLE JOUVENOT, *sortant vivement de la coulisse, à gauche*

Eh bien! Michonnet, ma lettre?... ma lettre pour Roxanne, où est-elle?

MICHONNET

Là... sur cette table... Est-ce que Quinault ne vous l'a pas dit?

MLLE JOUVENOT

Eh! non, vraiment!... Il est si bon camarade!

MAURICE, *présentant à Mlle Jouvenot le parchemin roulé*

Voici, mademoiselle.

MLLE JOUVENOT, *lui faisant la révérence*

Merci, monsieur. (*Le regardant en sortant.*) Voilà un officier qui est fort bien, mais très-bien!

MICHONNET

Eh bien! votre entrée?

MLLE JOUVENOT

Ah!

(*Elle sort par la coulisse a gauche.*)

MAURICE, *à part, la suivant des yeux*

Elle aura mes deux mots de la main même de Zatime... et saura que je ne peux la venir chercher ce soir... Mais demain!... demain!... O mon grand-duché de Courlande, vous ne valez pas ce que vous me coûtez!... Allons à la Grange-Batelière.

(*Il sort par la porte à droite.*)

MICHONNET, *regardant toujours par la gauche*

Zatime entre en scène... Bon! elle n'a pas la lettre... Si! elle l'a... elle la remet à Roxane... Dieu! quel effet!... elle a tressailli... elle se soutient à peine!... et son émotion est telle, qu'en lisant le billet, son rouge lui est tombé du visage... C'est admirable!... (*Les applaudissements éclatent avec force.*) Oui, oui... frappez des mains... Bravo! bravo! c'est cela!... sublime! admirable!

SCÈNE X

MLLE DANGEVILLE, POISSON, LE PRINCE, L'ABBÉ, QUINAULT, MLLE JOUVENOT, *puis* ADRIENNE *entrent vivement par les deux portes de gauche; les autres acteurs et seigneurs vont et viennent au fond, ainsi que Michonnet.*

MLLE DANGEVILLE

Je ne sais pas ce qu'ils ont ce soir; ils applaudissent tous comme des fous.

MLLE JOUVENOT

Ils se trompent, ma chère... ils se croient déjà aux *Folies amoureuses.*

L'ABBÉ, *entrant*

C'est superbe!

MLLE DANGEVILLE

C'est absurde!...

POISSON

Ça me fait rire!...

QUINAULT

Ça me fait mal!

MLLE JOUVENOT

Pauvre homme!

LE PRINCE

Le fait est que jamais je n'ai rien entendu de plus beau... et je m'y connais!

ADRIENNE, *entrant avec agitation par la gauche, à part*

Après deux mois d'absence... ah! c'est bien mal!... Allons, du courage!

LE PRINCE

Et du plaisir!... Vous êtes des nôtres.

L'ABBÉ

Je venais l'inviter.

ADRIENNE

Moi!

L'ABBÉ

Au joyeux souper où nous avons toute la Comédie-Française... toutes ces dames.

ADRIENNE

Impossible!

MLLE JOUVENOT, *qui est descendue à gauche*

Par fierté?

ADRIENNE, *avec bonté*

Oh! non... mais je n'ai pas le cœur à la joie.

L'ABBÉ

Raison de plus pour vous égayer... Un souper charmant... où nous vous offrirons ce qu'il y a de mieux, (*Montrant les acteurs.*) dans les arts, (*Montrant le prince.*) à la cour, (*Se montrant lui-même.*) dans le clergé... et dans l'épée... Le jeune comte de Saxe est des nôtres! c'est le héros de la fête!

ADRIENNE, *vivement*

Lui que je désirais tant connaître!

LE PRINCE

En vérité!

ADRIENNE

Une demande que j'avais à lui présenter... un lieutenant dont je voulais faire un capitaine.

L'ABBÉ

Nous vous plaçons à côté de lui... et votre protégé est colonel... au dessert.

ADRIENNE

Ah! ce serait bien tentant... Mais la tragédie finira tard... je serai fatiguée... je n'ai pas de cavalier...

L'ABBÉ *et* LE PRINCE, *présentant la main*

En voici!

ADRIENNE

Je n'en veux pas!

LE PRINCE, *vivement*

Eh bien, vous viendrez seule; vous connaissez la petite maison... de la
Duclos...

ADRIENNE

Ma voisine!... ce beau jardin...

LE PRINCE

Dont le mur fait face au vôtre! Voici la clef de la rue... quelques pas
seulement...

ADRIENNE

C'est quelque chose...

L'ABBÉ, *vivement*

Vous acceptez?

ADRIENNE

Je n'ai pas dit cela!

LE PRINCE

Monsieur Michonnet sera aussi des nôtres...

MICHONNET

Comment donc, monsieur le prince, dès que mon spectacle de demain
sera fait... (*A part, regardant Adrienne.*) Passer toute la soirée avec elle...

ADRIENNE, *à part*

Oui! je m'occuperai encore de lui, l'ingrat!... ce sera là ma vengeance!

L'AVERTISSEUR, *en dehors*

Le cinquième acte qui commence!

ADRIENNE

Adieu, adieu, messieurs.

(*Elle sort par la gauche.*)

MICHONNET

Allons, messieurs... allons, mesdames...

MLLE DANGEVILLE, *à l'abbé*

Un mot seulement, l'abbé. Pourrais-je, pour me donner la main, amener quelqu'un?...

L'ABBÉ, *riant*

Le prince de Guéménée?

MLLE DANGEVILLE

Du tout.

L'ABBÉ, *de même*

Un autre?

MLLE DANGEVILLE

Fi donc! un tête-à-tête! Pour qui me prenez-vous?... J'en amènerai deux...

L'ABBÉ, *riant*

A merveille!...

MLLE JOUVENOT

Et notre toilette pour ce soir... et nos voitures, où seront-elles?

L'ABBÉ

On songera à tout... et de plus on vous promet... ce qu'on ne vous a pas dit... une surprise, un secret...

MLLES JOUVENOT, DANGEVILLE *et toutes les autres actrices, accourant et entourant l'abbé*

Ah! qu'est-ce donc... qu'est-ce donc?

L'ABBÉ

Je ne puis rien dire... vous verrez... vous saurez...

MICHONNET, *criant*

Le cinquième acte! voilà l'idée seule d'une fête qui bouleverse tout dans nos coulisses... on ne s'y reconnaît plus... A votre réplique... à vos rôles... (*A l'abbé et au prince.*) Et vous, messieurs, je suis obligé de vous exiler! (*Il se pose entre les seigneurs et les actrices, qu'il sépare, et d'un ton tragique.*)

Qu'à ces nobles seigneurs le foyer soit fermé,
Et que tout rentre ici dans l'ordre accoutumé!

(*Les seigneurs et les actrices se mettent à rire.*)

ACTE TROISIÈME

Un salon élégant dans la petite maison de la Grange-Batelière; porte au fond, vers la gauche, et en pan coupé; une porte, vers la droite, également en pan coupé; une croisée vitrée donnant sur un balcon; sur le premier plan, à gauche, un panneau secret; au second plan, une table sur laquelle est un flambeau à deux branches avec des bougies allumées; sur le premier plan, à droite, une porte

SCÈNE PREMIÈRE

LA PRINCESSE, *seule*

Louis XIV disait: J'ai failli attendre!... et moi, princesse de Bouillon, petite-fille de Jean Sobieski... j'attends! (*Souriant.*) J'attends réellement... je ne peux pas me le dissimuler!... La Duclos m'a pourtant fait dire que son petit billet avait été remis au comte de Saxe lui-même dans une loge où il était seul... (*Réfléchissent.*) Seul!... est-ce bien vrai? N'est-ce pas pour une autre qu'il manque à ce rendez-vous, où je suis venue, où me voici?... On peut pardonner une infidélité, cela souvent ne dépend pas de nous; une impolitesse... jamais! Je n'ai pas été en ma vie une seule fois impertinente sans y avoir tâché... et réussi... (*Se levant avec impatience.*) Onze heures!... Monsieur le comte, vous arriviez le premier l'année dernière; voilà une heure de retard qui prouve que j'ai un an de plus! Malheur à elle, malheur à vous de me l'avoir rappelé! Je venais ici avec empressement, avec impatience, pour vous sauver, et vous me laissez le temps de réfléchir que je puis également vous perdre, que votre fortune politique est entre mes mains... c'est plus qu'ingrat, c'est maladroit... (*Se levant et marchant vers le fond.*) Allons!

SCÈNE II

LA PRINCESSE, MAURICE, *entrant par le fond*

LA PRINCESSE, *apercevant Maurice, qui vient d'entrer doucement derrière elle*

Ah!... (*Lui tendant la main.*) Vous faites bien d'arriver!

MAURICE.

Mille excuses, princesse.

LA PRINCESSE, *d'un air gracieux*

Pas de reproches! D'autres ne songeraient qu'à leur dignité blessée, moi je ne songe (*Souriant.*) qu'au temps perdu sans vous voir. Il faut qu'à minuit je sois rentrée à l'hôtel.

MAURICE

Imaginez-vous qu'en quittant la Comédie-Française, il me sembla être suivi. Je pris plusieurs détours, plusieurs rues qui m'éloignaient de ce quartier, et je pensais avoir dérouté mes espions, lorsqu'en me retournant, j'aperçus, sur ce boulevard désert, deux hommes enveloppés de manteaux qui me suivaient à distance. Que voulez-vous? leur demandai-je. Ils ne répondirent que par la fuite, et quoiqu'ils courussent bien, je n'eusse pas manqué de les poursuivre et de les assommer, sans la crainte de vous faire attendre, princesse.

LA PRINCESSE, *souriant*

Je vous en remercie!... Cette aventure se lie peut-être à celle dont je voulais vous entretenir. J'ai été aujourd'hui, comme je vous l'avais promis, à Versailles... Marie Leckzinska, notre nouvelle reine, comme moi Polonaise, n'a rien à refuser à la petite-fille de Sobieski; elle a vu, à ma prière, le cardinal de Fleury, elle lui a parlé de l'affaire de Courlande.

MAURICE

O bonne et généreuse princesse! Eh bien?...

LA PRINCESSE

Eh bien, le cardinal aimerait mieux ne pas accorder les deux régiments qu'on lui demande; il voudrait être agréable à la jeune reine, et en même temps ne mécontenter ni l'Allemagne ni la Russie, que vous menacez, et avec qui nous sommes en paix.

MAURICE, *avec impatience*

Son avis, alors?

LA PRINCESSE

Il n'en a pas, il n'en émet pas... et pour agir en votre faveur, sans rien faire, il vous permet seulement de lever ces deux régiments... à vos frais!

MAURICE

Cela me rassure.

LA PRINCESSE

Et moi pas!... Avez-vous de l'argent?

MAURICE

Non!

LA PRINCESSE

Comment, alors, paierez-vous vos deux régiments?

MAURICE

Mes régiments français?

LA PRINCESSE

Oui.

MAURICE, *gaiement*

Je ne les paierai pas! Si ce n'est après la victoire! Et jusque-là, soyez tranquille, je les connais!... ils se feront tuer pour moi... à crédit!

LA PRINCESSE

Très-bien! Une autre chose encore... est-il vrai que vous ayez des dettes? que vous deviez soixante-dix mille livres au comte de Kalkreutz, un Suédois, qui, en vertu d'une lettre de change, peut vous faire appréhender au corps?

MAURICE

Pourquoi cette demande?

LA PRINCESSE

Parce qu'un grand danger vous menace; l'ambassadeur russe a chargé messieurs de la police de ne pas vous perdre de vue.

MAURICE

Voilà donc pourquoi l'on m'a suivi ce soir... je suis fâché alors de n'avoir pas coupé les oreilles!...

LA PRINCESSE

A ces espions?... Mais leurs oreilles, c'est leur place! des pères de famille peut-être! Fi donc!... Mais ce n'est pas tout, l'ambassadeur moscovite veut également découvrir à tout prix ce M. de Kalkreutz qui doit être à Paris.

MAURICE

Et pourquoi?

LA PRINCESSE

Pour lui acheter sa créance, se mettre en son lieu et place, et vous faire jeter en prison.

MAURICE

Une belle vengeance!

LA PRINCESSE

Mieux que cela, un coup de maître; car, vous prisonnier, la Courlande, dont le souverain est en gage, est livrée aux intrigues de la Russie, les conjurés n'ont plus de chef, les troupes se dispersent.

MAURICE

C'est, ma foi, vrai!... que faire?

LA PRINCESSE

J'y ai déjà pensé... J'ai obtenu de M. le lieutenant de police, qui me doit sa place, que s'il découvrait la demeure de M. de Kalkreutz, on m'en donnerait d'abord avis à moi, qui vous en préviendrai... Alors, vous irez trouver M. de Kalkreutz...

MAURICE

Pour me battre avec lui.

LA PRINCESSE

Non, mais pour prendre des arrangements. Le plus simple de tout, serait de le payer.

MAURICE

Et comment? je n'ai pas soixante-dix mille livres disponibles.

LA PRINCESSE, *avec affection*

Hélas! ni moi non plus!

MAURICE

Et d'ailleurs, je n'accepterais pas. Il n'y a donc qu'un moyen qui me convienne.

LA PRINCESSE

Lequel?

MAURICE

Laissant la Moscovie, la Suède et la police s'enlacer mutuellement dans leurs intrigues auxquelles je n'entends rien, je pars demain.

LA PRINCESSE

Vous partez?...

MAURICE

Ce n'était pas mon dessein, mais une partie de mes recrues est déjà disséminée sur la frontière, et vos huissiers n'auront pas beau jeu contre mes hulans; c'est là que j'irai me réfugier! le brevet que vous m'avez obtenu double les droits de mes sergents recruteurs, qui enrôlaient déjà sans permission; jugez maintenant, avec autorisation et privilège du roi!... Nous allons lever en masse toute la frontière... Je sais bien qu'à Versailles et ailleurs il y aura du bruit, des réclamations, l'ordre de suspendre... Je vais toujours! des notes diplomatiques?... j'intercepte... des courriers?... je les enrôle dans ma cavalerie, et lorsqu'enfin les chancelleries européennes seront en mesure d'échanger des protocoles, la Courlande sera envahie, et les Tartares de Menzikoff dispersés par les escadrons français, voilà mon plan.

LA PRINCESSE

Il n'a pas le sens commun.

MAURICE

Permettez! s'il s'agissait de l'ordonnance d'une fête ou d'un quadrille de bal, je demanderais vos conseils, mais dès qu'il s'agit de cavalerie et de manœuvres, je prends tout sur moi, cela me regarde.

LA PRINCESSE, *s'animant*

Non, à peine arrivé, vous ne quitterez pas Paris! C'est bien le moins que vous y restiez quelques jours encore, que votre présence et votre affection me dédommagent enfin de ce que j'ai fait pour vous et des jours que je vous ai consacrés.

MAURICE

Princesse, entendons-nous! Je n'ai jamais été ingrat, et dans ce moment où je vous dois tant, manquer de franchise, serait manquer de reconnaissance; ce matin déjà, car moi je ne sais pas tromper... je voulais tout vous dire et vous avouer...

LA PRINCESSE

Que vous en aimez une autre!

MAURICE, *vivement*

Qui ne vous vaut pas, peut-être!

LA PRINCESSE, *en cherchant à se modérer*

Et quelle est-elle?... (*Avec explosion.*) Quelle est-elle?... Répondez... car vous ne savez pas ce dont je suis capable.

MAURICE

C'est justement pour cela que je ne veux pas vous la nommer. (*D'un ton conciliant.*) Mais au lieu d'emportement et de menaces, pourquoi ne pas se parler de franche amitié? pourquoi surtout ne pas se dire loyalement la vérité? Jamais je n'ai vu de femme plus aimable que vous, plus séduisante, plus irrésistible, et pourquoi? C'est que vos chaînes ne semblaient tressées que de fleurs, c'est que gracieuses et légères, elles retenaient un heureux et non pas un captif... c'est que toujours prête à les briser, votre main coquette ne craignait pas d'en détacher parfois quelques feuilles.

LA PRINCESSE

Maurice!

MAURICE

J'ai juré de tout dire. C'est sous l'empire d'un pareil traité, que le plaisir un jour nous a souri, car ni vous ni moi n'avions pris au sérieux un semblable sentiment, et nos liens volontaires ont eu d'autant plus de durée que chacun de nous s'était réservé le droit de les rompre; le reproche est donc injuste; où il n'y eut point de serment, il n'y a point de parjure. (*Avec chaleur.*) Il y en aurait, si je manquais à l'amitié et à la reconnaissance que je vous ai vouées. De ce côté-là, j'en jure par l'honneur, je me crois engagé. Pour le reste, je suis libre.

LA PRINCESSE

Pas de me trahir, perfide!

MAURICE

Ah! prenez garde, princesse, je finis toujours par conquérir les libertés que l'on me conteste.

LA PRINCESSE

C'est ce que nous verrons, et dussé-je vous perdre, vous et celle que vous me préférez; dussé-je, pour la connaître, tout sacrifier...

MAURICE

Écoutez donc!... ce bruit dans la cour...

LA PRINCESSE

Un bruit de voiture!

MAURICE

Est-ce que vous attendez quelqu'un?

LA PRINCESSE

Eh! non, vraiment... Mademoiselle Duclos qui, seule, peut venir ici, ne s'en aviserait pas, sachant que nous devions nous y trouver.

MAURICE, *à la princesse, qui s'approche de la croisée, à droite*

Voyez donc... par la fenêtre du jardin, vous qui connaissez cette maison...

LA PRINCESSE, *redescendant vivement*

O ciel! c'est mon mari!

MAURICE

Que dites-vous?

LA PRINCESSE

Le prince de Bouillon, j'en suis sûre... je l'ai vu descendant de voiture!

MAURICE

Qu'est-ce que cela signifie?

LA PRINCESSE

Je l'ignore... Mais il n'est pas seul, d'autres personnes, que la nuit ne m'a pas permis de distinguer, l'accompagnent...

MAURICE

Je les entends!... elles montent cet escalier!

LA PRINCESSE

C'est fait de moi!

MAURICE, *remontant vers le fond*

Non, tant que je serai près de vous.

LA PRINCESSE

Il ne s'agit pas de me défendre, mais d'empêcher que je sois vue dans cette maison!... Si le prince, si quelqu'un au monde se doute que j'y ai mis les pieds... je suis perdue de réputation!

MAURICE

C'est vrai!

LA PRINCESSE

Ils viennent... (*Montrant la porte à droite.*) Ah! de ce côté...

MAURICE

Où cela conduit-il?

LA PRINCESSE, *traversant le théâtre et s'élançant dans le cabinet à droite*

A un petit boudoir!

SCÈNE III

L'ABBÉ, LE PRINCE, *entrant par le fond*; MAURICE

LE PRINCE, *apercevant la porte à droite qui vient de se fermer*

Ah! l'on vous y prend, mon cher...

MAURICE, *avec trouble*

Vous ici, messieurs?

LE PRINCE, *riant*

J'ai vu la dame, je l'ai vue!

MAURICE

C'est une plaisanterie, sans doute?

LE PRINCE

Non, parbleu!... la robe blanche flottante... qui disparaissait... Voici donc la Saxe aux prises avec la France...

MAURICE

Qu'est-ce que cela signifie?

L'ABBÉ

Que nous sommes au fait, mon cher comte.

LE PRINCE, *gaiement*

Et que cela ne se passera pas à huis clos, il nous faut de l'éclat et du scandale. (*Frappant sur l'épaule de l'abbé.*) Nous ne sommes pas des abbés pour rien... n'est-il pas vrai?

MAURICE, *au prince, avec impatience*

Eh! monsieur, j'aurais cru, au contraire, que c'était pour vous qu'il fallait éviter le bruit... Mais puisque vous le voulez, puisque vous savez tout...

LE PRINCE, *riant*

Tout... et de plus nous avons les preuves...

MAURICE, *froidement et mettant son chapeau*

Monsieur le prince, je suis à vos ordres... M. l'abbé consentira, je l'espère (le costume n'y fait rien), à nous servir de témoin, et comme il y a, je crois, un jardin, nous pouvons y descendre.

LE PRINCE, *riant*

A cette heure?...

MAURICE

Il est toujours l'heure de se battre... et pourvu que nous en finissions promptement... cela doit vous convenir...

L'ABBÉ, *qui a remonté le théâtre, redescend près de Maurice*

Voilà où est votre erreur. Nous ne tenons pas à en finir, au contraire, nous voulons que cela dure:

Amour fidèle,
Flamme éternelle!

Comme dit l'air de Rameau! Et par un héroïsme qui surpasse toutes les magnanimités d'opéra, M. le prince vous abandonne votre conquête!

MAURICE

Qu'est-ce à dire?

L'ABBÉ

A la condition que le traité de paix sera signé ici, à souper, à l'éclat des flambeaux!

LE PRINCE

Au bruit des verres et du champagne.

MAURICE

Est-ce de moi, messieurs, que l'on veut rire?

L'ABBÉ

Vous l'avez dit!

LE PRINCE

Mon seul but étant de prouver à la Duclos...

MAURICE

La Duclos...

LE PRINCE, *montrant la porte à droite*

Que je ne tiens plus à ses charmes.

L'ABBÉ

Et que si la France et la Saxe se battaient pour elle...

LE PRINCE

Et pour sa vertu...

L'ABBÉ

Ce serait là une querelle d'Allemand que M. le prince ne se pardonnerait jamais... Ah! ah! ah!

LE PRINCE, *riant aussi*

Ah! ha! ah! c'est drôle, n'est-il pas vrai?... Et loin de rire... comme nous... vous avez un air étonné...

MAURICE

Oui, d'abord... Mais, maintenant, cela me paraît en effet si original...

LE PRINCE

N'est-ce pas?... Ah! ah! m'enlever la Duclos... de mon consentement... un service d'ami!...

L'ABBÉ

Et vous ne refuserez pas, en nouveaux alliés, de vous donner la main...

MAURICE

Non, parbleu! voici la mienne...

LE PRINCE, *déclamant*

Soyons amis, Cinna, c'est moi qui t'en convie.

L'ABBÉ, *riant*

Et si, pour ratifier le traité, il vous faut un notaire, je vais chercher celui de la Comédie-Française! et d'autres témoins encore!

(*Il sort par le fond.*)

MAURICE, *étonné*

Que dit-il?

LE PRINCE, *riant*

Vous ne vous doutez pas de la brillante compagnie qui vous attend dans ma petite maison... ou plutôt dans la vôtre... car, ce soir, vous êtes le maître, le héros de la fête; à vous les honneurs!

MAURICE, *avec embarras*

C'en est trop, prince!

LE PRINCE

Sans compter une nouvelle surprise que nous vous préparons, une jeune dame, charmante, qui désirait ardemment vous connaître, et l'abbé, qui est maître des cérémonies, est allé lui donner la main pour vous la présenter avant le souper!

MAURICE, *avec embarras*

C'est moi qui vous prierai de me conduire vers elle... (*A part, regardant à droite.*) Pourvu que d'ici là je puisse délivrer ma captive et la soustraire à tous les regards!

(*Il s'approche de la croisée à droite, qui est restée ouverte, et regarde dans le jardin.*)

SCÈNE IV

L'ABBÉ, *donnant la main à* ADRIENNE, *et entrant par le fond;* LE PRINCE, *allant au-devant d'elle;* MAURICE, *regardant par la croisée, qui est au second plan à droite*

LE PRINCE, *à Adrienne*

Arrivez donc! M. le comte de Saxe est là qui vous attend avec impatience...

L'ABBÉ

Eh! mais, ma toute belle, vous tremblez?

ADRIENNE

Cela est vrai... la présence d'un homme illustre m'émeut toujours malgré moi.

LE PRINCE *s'approche de Maurice qui est toujours près du balcon et lui dit:*

Mademoiselle Lecouvreur.

MAURICE *à ce nom se retourne vivement.*

O ciel!

ADRIENNE, *levant les yeux et regardant Maurice, pousse un cri.*

Ah!

(*Le prince a passé près de la fenêtre à droite qui était ouverte et qu'il referme; l'abbé est remonté au fond à gauche, vers la table, sur laquelle il place son chapeau et ses gants.*)

MAURICE, *à part*

C'est elle!

ADRIENNE, *le regardant*

Le comte de Saxe... ce héros... ce n'est pas possible...

(*Elle s'avance vers lui.*)

MAURICE, *à voix basse et lui saisissant la main*

Tais-toi!

ADRIENNE, *poussant un cri de joie et portant la main à son cœur*

C'est lui!

LE PRINCE, *qui a refermé la fenêtre, vient se placer entre eux.*

Eh! mais qu'avez-vous donc?

ADRIENNE

Une surprise... bien naturelle... M. le comte que je croyais n'avoir jamais rencontré m'était connu... mais beaucoup... (*Le regardant avec expression.*) beaucoup!

L'ABBÉ, *gaiement*

De vue!...

ADRIENNE, *vivement*

Non! je lui avais même parlé!

LE PRINCE

Où donc?

MAURICE, *vivement*

Au bal de l'Opéra!...

LE PRINCE, *riant*

Un déguisement?

ADRIENNE

M. le comte les aime, les déguisements! je ne le croyais pas!

MAURICE

J'avais peut-être des raisons!... et si je vous en faisais juge, mademoiselle...

L'ABBÉ

Cela se trouve bien, Adrienne a aussi une demande à vous adresser.

MAURICE

A moi?

LE PRINCE

C'est là seulement ce qui l'a décidée à venir avec nous! une pétition à vous présenter en faveur d'un petit lieutenant.

L'ABBÉ

Dont elle veut faire un capitaine!

MAURICE, *avec émotion*

En vérité!... vous, mademoiselle, vous vouliez...

ADRIENNE

Oui... mais je n'ose plus...

MAURICE

Et pourquoi?...

ADRIENNE

Pauvre officier... je croyais qu'il n'avait que la cape et l'épée, et peut-être n'a-t-il pas besoin de moi pour faire son chemin.

MAURICE

Ah! quel qu'il soit, votre protection doit toujours lui porter bonheur!

ADRIENNE

Je verrai alors... je prendrai des informations, et s'il mérite réellement l'intérêt qu'on lui porte...

LE PRINCE

Vous aurez le temps de parler de lui à table... nous vous mettrons à côté l'un de l'autre... (*Remontant le théâtre et revenant se placer entre Adrienne et l'abbé.*) L'abbé, toi, le grand ordonnateur, veille au souper.

L'ABBÉ

Les fruits et les bouquets, cela me regarde.

(*Il sort par la porte du fond à gauche.*)

LE PRINCE

Moi, je me charge d'un soin plus important... je crains que quelque fugitive ne veuille nous échapper... avant le souper.

ADRIENNE, *gaiement*

Ce n'est pas moi, je vous le jure!

LE PRINCE, *souriant*

Pour plus de sécurité... je vais moi-même donner la consigne, fermer toutes les portes, et nul ne sortira avant le jour!

(*Il sort, comme l'abbé, par la porte du pan coupé à gauche.*)

MAURICE, *à part, regardant la porte à droite*

O ciel! que devenir?

SCÈNE V

ADRIENNE, MAURICE

ADRIENNE, *regardant sortir le prince, puis portant la main à son front*

Ah! j'en doute encore!... vous le comte de Saxe! Parlez!... parlez!... que je sois bien sûre que c'est lui qui m'aime et que pourtant c'est toujours toi!

MAURICE

Mon Adrienne!

ADRIENNE, *avec explosion*

Maurice! mon héros, mon Dieu, vous que j'avais deviné!...

MAURICE, *lui faisant signe de se taire*

Silence!... (*A part, regardant à droite.*) Ah! quel dommage que l'autre soit là. (*A demi-voix.*) Ce mystère qui cachait notre bonheur est plus que jamais nécessaire.

ADRIENNE, *vivement*

Ne craignez rien! mon amour est si grand, que l'orgueil lui-même n'y peut rien ajouter. Ne parlait-on pas d'une entreprise nouvelle? de Moscovites que vous vouliez battre? d'un duché de Courlande que vous vouliez conquérir à vous tout seul? Bien, Maurice, bien! je comprends qu'au milieu des grands intérêts qui s'agitent, auprès des graves conseillers ou des vieux ministres qu'il vous faut gagner, l'amour d'une pauvre fille comme moi puisse vous faire du tort.

MAURICE, *vivement*

Non, non, jamais!

ADRIENNE

Je me tairai, je me tairai. (*Montrant son cœur.*) Je renfermerai là mon ivresse et ma fierté; je ne me vanterai pas de votre amour et de votre gloire; je ne vous admirerai que tout haut, comme tout le monde! Ils célébreront vos exploits, mais vous me les raconterez, à moi! ils diront vos titres, vos grandeurs, et vous me direz vos peines! Ces ennemis que font naître les succès, ces haines jalouses qui s'attaquent aux héros, comme à nous autres artistes, vous me confierez tout; je vous consolerai, je vous dirai: Courage, marchez au but qui vous attend! Donnez à la France une gloire qu'elle vous rendra! donnez-leur à tous vos talents et votre génie; je ne te demande, moi, que ton amour!

MAURICE, *la pressant contre son cœur*

O ma protectrice! ô mon bon ange! (*Regardant autour de lui.*) Défends-moi toujours!

ADRIENNE

Oui, toujours!... et aujourd'hui même, désolée de ne pouvoir passer cette soirée avec vous, c'est encore à vous que je pensais. C'est en votre faveur que je voulais solliciter ce comte de Saxe que l'on disait si aimable. Oui, monsieur, coquette par amour, je venais ici avec le dessein de le charmer, de le séduire... c'était là, c'est encore mon projet! y réussirai-je?

MAURICE

Enchanteresse! comment vous résister? mais ce comte de Saxe, que, sans le connaître, vous vouliez séduire...

ADRIENNE, *souriant*

C'est vrai! Et même dans les plus grands périls, voyez, monsieur, combien vous êtes heureux! vous étiez le seul homme pour qui je vous aurais trahi.

MAURICE

Et vous la seule que je ne trahirai jamais!

ADRIENNE

J'y compte bien. Je crois à la foi des héros! Silence, on vient.

SCÈNE VI

L'ABBÉ, *portant une corbeille de fleurs et sortant avec* MICHONNET *de la porte du pan coupé à gauche*, ADRIENNE, MAURICE

L'ABBÉ *va placer la corbeille sur la table à gauche et s'adresse à Michonnet tout en faisant des bouquets.*

J'en suis fâché pour vous, mon cher Michonnet, mais c'est la consigne, une fois entré, on ne sort plus.

MICHONNET

J'espérais cependant pour un instant, et par votre protection...

L'ABBÉ

Moi, je ne m'occupe que des bouquets pour les dames... c'est M. le prince qui est gouverneur de la place, il a fermé lui-même toutes les portes de la citadelle... et il en garde les clefs!

MICHONNET

C'est pour affaire urgente... pour mon répertoire.

ADRIENNE

Pauvre homme! il ne rêve qu'à cela, même la nuit.

MICHONNET

Une indisposition fait changer mon spectacle de demain, et je voudrais courir chez mademoiselle Duclos avant qu'elle fût couchée.

L'ABBÉ, *arrangeant ses bouquets à gauche, près de la table*

Ah bah!

MICHONNET

Lui demander si elle pourrait me jouer demain Cléopâtre.

L'ABBÉ, *de même*

N'est-ce que cela?

MAURICE, *à part*

O ciel!

L'ABBÉ

Vous n'avez pas besoin de vous déranger, mademoiselle Duclos soupe avec nous.

MICHONNET

Vraiment! je reste, alors.

L'ABBÉ

C'est la reine de la soirée, demandez à M. le comte de Saxe!

MICHONNET, *le regardant avec surprise et respect*

Il serait possible! quoi! c'est là M. le comte de Saxe... lui-même?

ADRIENNE, *présentant Michonnet au comte*

Monsieur Michonnet! notre régisseur général et mon meilleur ami.

MICHONNET, *passant près de Maurice*

C'est monsieur, si je ne me trompe, que j'ai eu le plaisir de voir ce soir au foyer de la Comédie-Française. (A Adrienne.) Je crois même... c'est singulier... qu'il te demandait.

ADRIENNE, *vivement*

Il ne s'agit pas de moi, mais de Cléopâtre et de mademoiselle Duclos.

MICHONNET

C'est vrai, et dès que vous m'assurez qu'elle est ici...

L'ABBÉ, *quittant la table à gauche et venant se placer entre Adrienne et Michonnet, en tournant des rubans autour d'un bouquet*

Nous sommes chez elle... dans sa petite maison, où elle avait, pour ce soir, donné rendez-vous à M. le comte.

ADRIENNE

Que dites-vous?

MAURICE, *voulant le faire taire*

Monsieur l'abbé!

L'ABBÉ, *toujours arrangeant des bouquets*

En tête à tête... Je le sais, et je commets là une indiscrétion, car nous ne devions rien dire avant souper, mais ici, entre amis, je puis vous raconter l'anecdote.

MAURICE

Et moi, je ne le souffrirai pas!

L'ABBÉ, *terminant un bouquet*

Vous avez raison, M. le comte la sait mieux que moi, c'est à lui de vous la dire.

MAURICE, *furieux*

Monsieur!

L'ABBÉ

Je la gâterais, tandis que le héros lui-même de l'aventure... (*A Adrienne.*) Oserai-je offrir ce bouquet à Melpomène? Ah! mon Dieu! quelle expression dans ses traits! quelle expression tragique! regardez donc vous-même, monsieur le comte!

(L'Abbé retourne vers la table du fond, à gauche.)

MICHONNET, *avec effroi*

Adrienne, qu'as-tu donc?

ADRIENNE, *s'efforçant de sourire*

Moi? rien, vous le voyez... désolée d'avoir interrompu l'aventure que M. le comte nous promettait...

MAURICE, *passant près d'Adrienne*

Et qui ne mérite point votre attention, mademoiselle; rien n'est plus faux.

L'ABBÉ, *redescendant près d'Adrienne*

Permettez... je ne dis pas que l'histoire soit neuve, mais elle est vraie.

MAURICE

Et moi je vous atteste...

L'ABBÉ

Vous en êtes convenu tout à l'heure devant moi... (*Faisant un pas pour sortir.*) et devant M. le prince, qui va nous la redire...

MAURICE

C'est inutile!

L'ABBÉ

C'est juste... ce pauvre prince, c'est assez d'une fois... et si le témoignage de mes yeux vous suffit...

ADRIENNE

Vous avez vu?...

L'ABBÉ, *se rapprochant de la table à gauche*

Au moment où nous entrions dans cet appartement, mademoiselle Duclos s'enfuir... dans celui-ci... (*Montrant la porte à droite.*) où elle est encore.

MICHONNET, *à part, au fond du théâtre*

Celui-ci...

L'ABBÉ, *retournant à la table du fond, à gauche*

Ce dont vous pouvez vous assurer.

ADRIENNE

Moi!

(L'abbé vient de se rasseoir devant la table du fond, à gauche. Adrienne s'élance vers la porte à droite; Maurice, qui s'est placé devant elle, la prend par la main et la ramène au bord du théâtre.)

MAURICE

Un mot!

MICHONNET, *qui est resté à droite, près de la porte du cabinet*

Je vais toujours m'assurer de mon répertoire.

(Il entre doucement dans l'appartement à droite pendant que Maurice et Adrienne redescendent le théâtre.)

SCÈNE VII

L'ABBÉ, *près de la table, à ses bouquets;* ADRIENNE, MAURICE, *sur le devant du théâtre et tournant le dos à l'abbé*

MAURICE, *rapidement et à voix basse*

Une intrigue politique que ni l'abbé ni le prince lui-même ne peuvent connaître m'a amené ici cette nuit... *(Geste d'incrédulité d'Adrienne.)* mon avenir en dépend!

ADRIENNE, *d'un air de mépris*

Et mademoiselle Duclos...

MAURICE, *de même*

Elle n'est pas ici! Et ce n'est pas elle que j'aime... Je le jure sur l'honneur!... me crois-tu?

ADRIENNE *lève les yeux, le regarde, et, après un instant, lui dit:*

Oui!

MAURICE, *lui serrant la main, avec joie*

C'est bien. Il faut plus encore... il faut empêcher l'abbé d'entrer dans cette chambre ou d'entrevoir la personne qui s'y trouve, pendant que moi... *(l'honneur et la loyauté me le commandent)* je vais tenter, sans que nul s'en aperçoive, de protéger sa sortie, dussé-je gagner ou étrangler le concierge et faire sauter ses verrous!

ADRIENNE

Allez! je veillerai.

MAURICE, *avec transport*

Merci, Adrienne!... merci!

(*Il sort par le fond.*)

SCÈNE VIII

L'ABBÉ, *toujours à la table à gauche*; ADRIENNE, *seule sur le devant du théâtre, à droite*; *puis* MICHONNET

ADRIENNE

Sur l'honneur! a-t-il dit... sur l'honneur! Maurice ne pourrait pas manquer à un pareil serment... j'ai dû le croire! sinon... ce ne serait plus lui...

MICHONNET, *qui vient de sortir de la porte à droite, s'avance sur la pointe du pied; il dit tout bas*:

Adrienne... Adrienne... si tu savais quelle aventure...

ADRIENNE, *avec distraction*

Qu'est-ce donc?

MICHONNET, *à voix basse*

Ce n'est pas la Duclos!

ADRIENNE, *à part, avec joie*

Il me l'avait dit!

MICHONNET, *à voix haute et riant*

Ce n'est pas la Duclos!

L'ABBÉ, *se levant de la table et s'avançant vivement*

Comment, ce n'est pas elle?

MICHONNET, *allant au-devant de lui*

Silence! c'est un secret.

L'ABBÉ

Qu'importe! nous ne sommes que trois... et je ne compte pas! je suis muet.

MICHONNET

C'est ce que chacun dit toujours dans le comité, et cependant tout finit par se savoir.

L'ABBÉ, *vivement*

Ce n'est pas la Duclos!... et le comte de Saxe qui nous a avoué lui-même que c'était elle... Qui est-ce donc, alors... qui donc?...

MICHONNET

Je n'en sais rien... mais ce n'est pas elle... je le jure.

L'ABBÉ

Vous l'avez vue?

MICHONNET

Du tout!

ADRIENNE, *vivement*

C'est bien!

MICHONNET

Obscurité complète... comme si la rampe et le lustre eussent été baissés; mais j'avais, en entrant, rencontré une manche et une robe de femme, et persuadé, (*A l'abbé.*) puisque vous me l'aviez dit, que c'était la Duclos... j'ai abordé sur-le-champ la question, et j'ai demandé, à tâtons, si, pour aider le répertoire, elle consentait à jouer demain Cléopâtre. La main que je tenais a tressailli, et une voix qui m'est inconnue s'est écriée avec fierté: «Pour qui me prenez-vous?»—Pour mademoiselle Duclos, ai-je répondu. A quoi on a répliqué à voix basse: «Je suis chez elle, il est vrai, pour des intérêts que je ne puis dire...»

L'ABBÉ

Est-il possible!

MICHONNET

«Mais, qui que vous soyez,» a continué la personne mystérieuse en baissant toujours la voix, «si vous me donnez les moyens de sortir à l'instant de cette maison sans être vue, vous pouvez compter sur ma protection, et votre fortune est faite.» Je lui ai répondu alors que je n'étais pas ambitieux, et que si je pouvais seulement être nommé sociétaire... Moi, sociétaire!

L'ABBÉ *et* ADRIENNE, *avec impatience*

Eh bien?

MICHONNET

Eh bien! me voilà!... que faut-il faire?

L'ABBÉ, *passant devant Michonnet et s'avançant vers la porte*

Savoir d'abord quelle est cette dame.

ADRIENNE, *se plaçant devant la porte*

Monsieur l'abbé, y pensez-vous?

L'ABBÉ

Elle était ici avec le comte de Saxe, je vous l'atteste.

ADRIENNE

Raison de plus pour la respecter! une pareille indiscrétion serait manquer à toutes les convenances... et vous, un homme du monde!... un abbé!...

L'ABBÉ

C'est que vous ne savez pas... je ne peux pas vous dire l'intérêt que j'ai à connaître cette personne... c'est pour moi d'une importance!...

ADRIENNE, *à part*

Maurice disait vrai.

L'ABBÉ, *à part*

La princesse compte sur moi, je le lui ai promis, et à tout prix...

(*Il fait un pas vers la porte.*)

ADRIENNE

Non, monsieur l'abbé, vous n'entrerez pas...

L'ABBÉ, *d'un air suppliant*

Par hasard... et sans le vouloir...

ADRIENNE

Non, monsieur l'abbé, j'en appellerai plutôt à M. le prince lui-même, au maître de la maison, qui ne permettra pas que chez lui...

L'ABBÉ, *vivement*

Vous avez raison! je vais tout dire au prince qui sera enchanté! quel bonheur! quel hasard pour lui! la Duclos est innocente! complètement innocente... il ne s'y attendait pas... ni nous non plus.

(Il sort par le fond, Adrienne l'accompagne jusqu'à la porte et le suit encore des yeux pendant que Michonnet, qui était resté à gauche, traverse le théâtre en secouant la tête et va se placer à droite.)

SCÈNE IX

ADRIENNE, MICHONNET

ADRIENNE, *redescendant le théâtre*

Il s'éloigne!

MICHONNET

Que veux-tu faire?

ADRIENNE

Délivrer cette personne quelle qu'elle soit... et la sauver!

MICHONNET

Pour moi!...

ADRIENNE

Non! pour un autre... à qui je l'ai promis!

MICHONNET

Encore lui!... toujours lui! pourquoi te mêler de pareilles affaires?

ADRIENNE

Je le veux!

MICHONNET

Il ne faut pas, nous autres comédiens, nous jouer aux grands seigneurs et aux grandes dames, ça nous porte malheur...

ADRIENNE

Je le veux!

MICHONNET, *d'un air résigné*

C'est différent... puis-je au moins t'aider, t'être bon à quelque chose?...

ADRIENNE

Non... il l'a dit: personne ne doit la voir... (*Éteignant les deux bougies qui sont sur la table.*) pas même moi!

MICHONNET, étonné

Eh bien... eh bien... comment veux-tu ainsi t'y reconnaître...

ADRIENNE

Soyez tranquille! Voyez seulement au dehors si personne ne vient nous surprendre...

MICHONNET, avec colère

C'est absurde!... (*Se radoucissant.*) J'y vais... j'y vais...

(*Il sort enfermant la porte du fond.*)

SCÈNE X

ADRIENNE, puis LA PRINCESSE

ADRIENNE, se dirigeant vers la porte à droite

Allons!... (*Elle frappe à la porte.*) On ne me répond pas... ouvrez... ouvrez, madame... au nom de Maurice de Saxe... (*La porte s'ouvre.*) Je savais bien que rien ne résisterait à ce talisman.

LA PRINCESSE, ouvrant la porte

Que me veut-on?

ADRIENNE

Vous sauver!... vous donner les moyens de sortir d'ici...

LA PRINCESSE

Toutes les portes sont fermées.

ADRIENNE

J'ai là une clef... celle du jardin sur la rue.

LA PRINCESSE, vivement

O bonheur!... donnez! donnez!

ADRIENNE

Mais, par exemple... il faut descendre jusqu'au jardin sans être vue!... comment? je ne saurais vous le dire, car je ne connais pas cette maison...

LA PRINCESSE

Rassurez-vous! (*Se dirigeant vers la gauche pendant qu'Adrienne va écouter à la porte du fond; elle dit à part.*) Grâce à ce panneau secret... (*Elle cherche dans la muraille le panneau qui s'ouvre sous sa main.*) Le voici!... (*Revenant vers Adrienne qui dans ce moment redescend le théâtre.*) Mais vous à qui je dois un pareil service... qui êtes-vous?

ADRIENNE

Qu'importe?... partez.

LA PRINCESSE

Je ne puis distinguer vos traits...

ADRIENNE

Ni moi les vôtres.

LA PRINCESSE

Mais cette voix ne m'est pas inconnue, je l'ai entendue plus d'une fois... oui, oui... pourquoi vous dérober à ma reconnaissance... duchesse de Mirepoix... c'est vous?

ADRIENNE

Non!... Mais hâtez-vous de fuir les dangers qui vous menacent...

LA PRINCESSE

Vous les connaissez donc?

ADRIENNE

Qu'importe, vous dis-je! croyez à ma discrétion et ne craignez rien.

LA PRINCESSE

Mais ces dangers... ces secrets, qui vous les a confiés?

ADRIENNE

Quelqu'un qui me dit tout...

LA PRINCESSE, *à part*

O ciel! (*Haut à Adrienne.*) Qui donc a donné à Maurice le droit de tout vous dire?

ADRIENNE, *lui prenant la main*

Et qui vous a donné à vous-même le droit de l'appeler Maurice, le droit de m'interroger... de trembler... de frémir... car votre main tremble! vous l'aimez!

LA PRINCESSE

De toutes les forces de mon âme!

ADRIENNE

Et moi aussi!

LA PRINCESSE

Ah! vous êtes celle que je cherche!

ADRIENNE

Qui êtes-vous donc?

LA PRINCESSE, *avec fierté*

Plus que vous, à coup sûr!

ADRIENNE

Qui me le prouvera?

LA PRINCESSE

Je vous perdrai!

ADRIENNE, *avec hauteur*

Et moi... je vous protège!

LA PRINCESSE

Ah! c'en est trop!... je saurai quels sont vos traits...

ADRIENNE

Je démasquerai les vôtres...

LE PRINCE, *en dehors*

Palsambleu! nous connaîtrons la vérité!...

LA PRINCESSE, *à part*

O ciel!... la voix de mon mari... et partir quand ma rivale est en mon pouvoir, quand je vais la connaître...

ADRIENNE

Restez... restez donc!... voici des flambeaux!

LA PRINCESSE

Eh bien! oui... je resterai... Non, non... je ne le puis!

(Elle s'élance par le panneau à gauche, qu'elle referme, et disparaît pendant qu'Adrienne a remonté le théâtre et ouvre la porte du fond. Le prince et l'abbé entrent avec des flambeaux, tandis que deux valets restent au fond en dehors également avec des flambeaux.)

ADRIENNE, *au prince*

Venez!... venez!... *(Regardant autour d'elle et ne voyant plus personne.)* Grand Dieu!

SCÈNE XI

ADRIENNE, LE PRINCE, L'ABBÉ, *puis* MLLES DANGEVILLE *et* JOUVENOT

LE PRINCE

Tu es donc sûr, l'abbé, que ce n'est pas la Duclos?...

L'ABBÉ

Je l'atteste.

LE PRINCE

Quel bonheur!

L'ABBÉ, *montrant la porte à droite*

Entrons de ce côté, et pendant que ces dames en bas ne se doutent de rien...

(Ils entrent dans l'appartement à droite au moment où l'on voit à la porte du fond paraître Mlles Dangeville et Jouvenot.)

MLLES DANGEVILLE *et* JOUVENOT, *s'avançant sur la pointe du pied*

Suivons-les!

ADRIENNE, *à part, avec douleur*

Sur l'honneur, avait-il dit, sur l'honneur! Non, je ne puis me persuader encore qu'il m'ait trompée...

SCÈNE XII

MICHONNET, ADRIENNE

MICHONNET, *entrant sur la pointe du pied par la porte du pan coupé à gauche*

Eh bien! cette dame, tu l'as donc sauvée?

ADRIENNE

Eh! oui.

MICHONNET

Alors c'est elle qui, tout à l'heure, traversait le jardin avec le comte de Saxe.

ADRIENNE

Vous en êtes sûr?

MICHONNET

Comment!... En passant devant le massif où j'étais, elle a même laissé tomber un bracelet que voici...

ADRIENNE, *le prenant*

Donnez!... Et le comte de Saxe...

MICHONNET

Il est parti avec elle!

ADRIENNE

Avec elle!

MICHONNET

Ainsi, rassure-toi!... que ça ne t'inquiète plus... il veille sur elle!

ADRIENNE, *tombant sur le fauteuil qui est près de la table à gauche*

Ah! tout est fini!

SCÈNE XIII

MICHONNET, ADRIENNE; LE PRINCE, L'ABBÉ, MLLES DANGEVILLE *et* JOUVENOT *sortant de l'appartement à droite*

LE PRINCE

Personne!

MLLES DANGEVILLE *et* JOUVENOT

Personne!

LE PRINCE, *s'avançant*

C'est égal... ce n'était pas la Duclos, et je triomphe!... (*Se retournant.*) La main aux dames, et à souper!

(Il offre une main à Mlle Jouvenot, l'autre à Mlle Dangeville, tandis que l'abbé présente la sienne à Adrienne qui, toujours assise et absorbée dans sa douleur, ne le voit ni ne l'écoute.)

ACTE QUATRIÈME

Un salon de réception très-élégant chez la princesse de Bouillon; porte au fond, deux portes latérales

SCÈNE PREMIÈRE

MICHONNET, *s'inclinant vers la porte à gauche, par laquelle il entre*

Merci, mon prince, merci! Rentrez donc, je vous prie! c'est trop d'honneur! (*Redescendant le théâtre.*) Un prince de Bouillon! un descendant de Godefroy de Bouillon, me reconduire jusqu'à la porte de son cabinet... moi, régisseur! Que serait-ce donc si j'étais... Ah çà! voici ma commission faite, et avec quelque succès, j'ose le dire!... Je puis m'en aller... (*Regardant la pendule du salon.*) Trois heures!... la répétition sera finie, sans moi! C'est la première fois que j'y aurai manqué... Je me dérange!... C'est du désordre! mais Adrienne me l'avait demandé comme un service! Elle y tenait tant! elle était d'une telle impatience, qu'avant que je fusse parti elle aurait voulu que, déjà, je fusse de retour.

UN VALET, *entrant par la porte du fond, avec Adrienne,\ et lui montrant Michonnet*

Oui, mademoiselle, il est encore ici.

MICHONNET

Que disais-je? c'est elle!

SCÈNE II

MICHONNET, ADRIENNE

ADRIENNE

Que devenez-vous donc?... Qui peut vous retenir?... Depuis plus de deux heures je vous attends, et je craignais qu'il ne fût survenu quelque accident, quelque obstacle...

MICHONNET

Aucun! tout s'est passé comme tu le désirais. A ton nom seul toutes les portes se sont ouvertes! car il faut rendre justice à ces grands seigneurs, ils aiment les artistes, ils nous aiment! «Mon prince, lui ai-je dit, vous avez souvent daigné répéter à mademoiselle Lecouvreur que vous lui donneriez, quand elle le voudrait, soixante mille livres des diamants qu'elle tient de la libéralité de la reine...—C'est vrai, je ne m'en dédis pas.—Eh bien! elle m'envoie vers vous, en secret, comptant sur votre bienveillance, pour lui rendre ce service, et sur votre discrétion pour n'en parler à personne...» Tu vois... c'était assez bien tourné.

ADRIENNE, *avec impatience*

Très-bien... et après?

MICHONNET

Après?... Il a paru étonné... et m'a demandé pourquoi se défaire de ces diamants... dans quelle idée?... dans quel but?... question à laquelle il m'a été impossible de répondre, attendu que tu ne m'as pas fait part de tes intentions... Il s'est mis alors à écrire un bon sur la caisse des fermiers généraux... en prononçant cette phrase, qui était convenable: «Dites à mademoiselle Lecouvreur que je ne regarde cet écrin que comme un dépôt.» Puis il a ajouté, avec un sourire qui m'a paru moins bien: «Dépôt qu'elle pourra, quand elle le voudra, venir me redemander elle-même!...»

ADRIENNE, *avec impatience*

Enfin, ces soixante mille livres...

MICHONNET

Je les ai là.

ADRIENNE

Ah! je respire... Mais si vous saviez tout ce que ces deux heures d'attente m'ont fait souffrir! vous n'auriez pas été aussi longtemps... car la journée avance, et il me reste encore d'autres démarches à faire...

MICHONNET

Oui, dix mille livres de plus, qu'il te faut... Tu me l'avais dit, et les voici!

ADRIENNE

O ciel!

MICHONNET

J'ai commencé par aller te les chercher... Voilà ce qui m'a retenu... Je t'en demande pardon...

ADRIENNE

Vous... me les chercher!... et où donc?

MICHONNET

Chez le notaire de la succession de mon oncle, l'épicier de la rue Férou.

ADRIENNE

Cet héritage! votre seul bien... tout ce que vous possédez!... Je ne puis accepter un tel sacrifice.

MICHONNET

Et pourquoi donc?

ADRIENNE

Je puis exposer ma fortune, mais non celle d'un ami.

MICHONNET

L'exposer?... en quoi?... Explique-moi d'abord...

ADRIENNE

Je ne le puis!... Je ne puis rien vous dire!

MICHONNET

Rien?... Je ne t'en demande pas davantage!... Prends... je le veux... Tout cela t'appartient!

ADRIENNE

Nous discuterons cela plus tard, gardez-les... Il faudrait, à l'instant même, porter cette somme rue Saint-Honoré, à l'hôtel de l'ambassadeur.

MICHONNET

L'ambassadeur moscovite?

ADRIENNE

Oui! à lui-même!... La lui remettre en payement d'une lettre de change de soixante-dix mille livres, souscrite à M. le comte de Kalkreutz...

MICHONNET, *étonné*

Comment?

ADRIENNE, *avec impatience*

Le comte de Kalkreutz... un Suédois...

MICHONNET, *avec douceur*

Je ne comprends pas...

ADRIENNE

Vous n'avez pas besoin de comprendre... Silence! c'est l'abbé!

SCÈNE III

MICHONNET, L'ABBÉ, ADRIENNE

L'ABBÉ, *entrant par le fond*

Que vois-je? mademoiselle Lecouvreur chez M. le prince de Bouillon!... Est-ce que cela nous annoncerait un contre-ordre?... Est-ce qu'on ne vous verrait pas ce soir?...

ADRIENNE

Si, vraiment! plus que jamais je dois tenir ma parole à M. le prince, et je viendrai.

L'ABBÉ

Je respire! car je connais des dames qui se font une grande fête de vous voir et de vous entendre; par malheur il pourra bien vous manquer un de vos enthousiastes, de vos fanatiques...

MICHONNET

Qui donc?

L'ABBÉ

Ce pauvre comte de Saxe!

ADRIENNE, *à part*

Qu'entends-je?

L'ABBÉ

Il lui arrive l'aventure la plus piquante et la plus originale... Mon état est d'apprendre les nouvelles et de les répandre, et je tiens celle-ci de bonne source... Imaginez-vous qu'il ne s'agissait de rien moins, pour lui, que de partir cette semaine pour conquérir la Courlande, et de là, devenir grand-duc... roi, que sais-je? (*Riant.*) Et vous ne devineriez jamais qui lui enlève sa couronne? qui l'arrête au milieu de sa conquête?

MICHONNET

Non!

L'ABBÉ, *riant toujours*

Une lettre de change de soixante-dix mille livres...

MICHONNET, *étonné*

Comment dites-vous?

L'ABBÉ

Que l'ambassadeur de Russie a rachetée par-dessous main afin de vaincre par huissier et de faire prisonnier, sans combats, le général qu'il redoutait.

MICHONNET, *étonné*

Ce n'est pas possible!

L'ABBÉ, *riant toujours*

Je vous l'atteste! Et le plus curieux... c'est que cette lettre de change était d'abord entre les mains d'un comte de Kalkreutz...

MICHONNET, *vivement*

Un Suédois!

L'ABBÉ

Vous le connaissez?

MICHONNET, *avec colère et regardant Adrienne*

Oui... certes...

L'ABBÉ

Et il paraît que c'est une maîtresse du comte de Saxe, une grande dame!...

ADRIENNE, *vivement*

Une grande dame!...

L'ABBÉ

Que par malheur je ne connais pas encore, mais que j'espère bien découvrir... qui, dans un transport de jalousie, a dénoncé ce fait à l'ambassadeur tartare; de sorte qu'en ce moment le héros saxon, sans sceptre et sans armée, gémit sous les verrous, attendant que la politique ou l'amour vienne le délivrer... Voilà l'aventure primitive, je vous la donne... je vous la livre... permis à vous de l'embellir et de l'orner!... Je vais la confier aux méditations de M. de Bouillon... un savant qui aime à traiter ces sujets-là.

(*Il sort par la porte à gauche; Michonnet remonte après lui le théâtre, le suit des yeux quelques instants, puis redescend à droite.*)

SCÈNE IV

ADRIENNE, MICHONNET

MICHONNET, *à Adrienne qui, silencieuse, baisse les yeux*

Ce que je viens d'entendre est donc vrai... le comte de Saxe est celui que tu aimes?

ADRIENNE, *à voix basse*

Oui.

MICHONNET

Et que tu veux délivrer?

ADRIENNE, *de même*

Oui.

MICHONNET

Au prix de ta fortune?

ADRIENNE, *avec passion*

Au prix de tout mon sang!

MICHONNET

Mais tu n'as donc pas entendu qu'il ne t'aimait pas, qu'il en aimait une autre?

ADRIENNE

Je le sais!

MICHONNET

Et tu oses me l'avouer... et tu n'en rougis pas!

ADRIENNE

Ah! vous ne pouvez pas comprendre, vous, qu'on aime sans le vouloir et malgré soi...

MICHONNET, *vivement*

Si!

ADRIENNE

Cherchant à le cacher à tous et à soi-même... en rougissant de honte, de cette honte qui est encore de l'amour!

MICHONNET, *avec passion*

Si! si! je le comprends!... pardon, Adrienne, c'est moi qui suis un insensé de t'avoir parlé ainsi. Mais qu'espères-tu?

ADRIENNE

Rien!... (*Avec amour.*) que le sauver!... Et puis, ne nous a-t-on pas parlé tout à l'heure d'une rivale, d'une grande dame?

MICHONNET

Celle au bracelet sans doute, celle qu'il te préfère et pour laquelle il t'a trahie.

ADRIENNE, *portant la main à son cœur*

C'est vrai! mais ne me le dites pas, c'est comme si vous me frappiez là d'un fer froid et aigu, et ce n'est pas votre intention.

MICHONNET, *vivement et avec bonté*

Oh! non, non! tu ne peux le croire.

ADRIENNE

Cette rivale, je veux la connaître. (*Avec énergie.*) Je la connaîtrai! pour lui dire: C'est par vous qu'il fut prisonnier, c'est par moi qu'il a recouvré la liberté, même celle de vous voir, de vous aimer, de me trahir encore... Jugez vous-même, madame, qui de nous aimait le mieux!

MICHONNET

Et lui?

ADRIENNE, *avec mépris*

Lui!... il m'a trompée, j'y renonce à jamais!

MICHONNET, *avec joie*

Bien cela!... Mais alors, réponds-moi, pourquoi tout sacrifier à un ingrat?

ADRIENNE

Pourquoi? vous me le demandez! La vengeance m'est-elle donc interdite et ne m'est-il pas permis de la choisir? N'avez-vous pas entendu tout à l'heure qu'il s'agissait pour lui en ce moment de combattre, de vaincre, de gagner un duché... peut-être une couronne... Et songez donc, ami, songez... s'il me la devait!... s'il la tenait de ma main! Roi, par la tendresse de celle qu'il a abandonnée et trahie!... Roi, par le dévouement de la pauvre comédienne!... Ah! il aura beau faire, il ne pourra m'oublier! A défaut de son amour, sa gloire même et sa puissance lui parleront de moi! comprenez-vous à présent ma vengeance?

Comblé de mes bienfaits, je veux l'en accabler!

O mon vieux Corneille! viens à mon aide! viens soutenir mon courage, viens remplir mon cœur de ces élans généreux, de ces sublimes sentiments que tu as tant de fois placés dans ma bouche. Prouve-leur à tous, que nous, les interprètes de ton génie, nous pouvons gagner au contact de tes nobles pensées... autre chose que de les bien traduire! Ce que tu as dit, je le ferai! (*A Michonnet.*) Allez! courez le délivrer! Je vous attendrai chez moi.

(*Elle sort par le fond.*)

SCÈNE V

MICHONNET, *seul, allant reprendre son chapeau qu'il avait posé pendant la première scène sur l'un des fauteuils à gauche*

Ah! elle n'a que trop raison de compter sur moi, qui suis encore plus insensé qu'elle... Car après tout, elle donne sa fortune pour un amant, c'est tout simple!... mais moi, la mienne pour un rival!... (*Soupirant.*) Enfin, elle le veut, cela lui fait plaisir... alors, à moi aussi!... Mais, ce qu'elle ne trouverait pas dans le grand Corneille lui-même, ce qui est le sublime de l'absurde, c'est que je souffre de sa peine... à elle! c'est que je suis tenté de lui en vouloir... à lui... de ce qu'il ne l'aime pas, et je serais furieux s'il l'aimait! (*Apercevant la princesse qui sort de l'appartement à droite.*) Dieu! une belle dame!... la maîtresse de la maison, sans doute. (*La saluant sans que la princesse le voie.*) Elle ne me voit pas, et je puis sortir, je crois, sans que cela la dérange... Allons remplir mon message, et porter notre argent à la Russie.

(*Il sort par le fond.*)

SCÈNE VI

LA PRINCESSE, *seule, puis* L'ABBÉ, *sortant de la porte à gauche*

LA PRINCESSE, *à part et rêvant*

Que Maurice coure la rejoindre, je l'en défie! Et quant à briser mes chaînes, il doit voir à présent que cela n'est pas si facile... La seule chose qui m'inquiète, c'est ce bracelet, donné hier par mon mari et perdu dans ma fuite... à quel moment?... sans doute en montant dans ce carrosse de louage qu'il m'a fallu prendre! Après tout! personne ne sait que ce bracelet m'appartient... quelques diamants de moins, cela regarde M. de Bouillon. L'essentiel, l'important pour moi, c'est de connaître cette femme qui exerce sur lui un tel empire... «Celle à qui il confie tout...» Et quand je pense que j'ai tenu ce secret, mieux encore! cette rivale entre mes mains... et que tout m'est échappé, grâce à mon mari, dont le flambeau est venu tout embrouiller... La science n'en fait jamais d'autres... avec ses lumières!... Aussi je lui en veux, et vienne l'occasion!... (*Apercevant l'abbé et d'un air gracieux.*) Eh! c'est vous, l'abbé.

L'ABBÉ, *sortant de la porte à gauche*

Vous, madame! déjà superbe, éblouissante...

LA PRINCESSE

J'ai voulu de bonne heure me tenir prête à recevoir tout mon monde... et en attendant, je rêvais.

L'ABBÉ

Non pas à moi... j'en suis sûr.

LA PRINCESSE

Peut-être!... à des projets de vengeance... projets dans lesquels je ne vous ai pas défendu de m'aider... au contraire!

L'ABBÉ, *vivement*

Eh bien! madame!... vous me voyez furieux, je ne sais rien encore!

LA PRINCESSE, *souriant*

En vérité!... vous me rassurez!... je comptais si bien sur vos talents et votre habileté... que je commençais à m'effrayer de la récompense promise... mais, grâce au ciel!... et à vous...

L'ABBÉ, *vivement*

Ah! ne me parlez pas ainsi... car vous me désespérez! un instant j'ai cru connaître la personne, tout me prouvait que c'était la Duclos...

LA PRINCESSE

La Duclos!

L'ABBÉ

Votre mari lui-même paraissait convaincu... il me l'avait dit et démontré...

LA PRINCESSE

Raison de plus pour ne pas le croire!... Eh bien! moi, je suis plus heureuse ou plus habile que vous, j'ai vu cette beauté mystérieuse!... par un hasard singulier, je me suis trouvée, il y a quelques jours... la semaine dernière, avec elle... à la campagne... dans une allée sombre... très-sombre...

L'ABBÉ

En vérité!

LA PRINCESSE

Et sans pouvoir distinguer ses traits... je lui ai entendu prononcer quelques mots... une phrase que j'ai retenue... celle-ci: «Ne craignez rien. Votre secret m'a été confié par quelqu'un qui me dit tout.» C'est à coup sûr fort insignifiant; mais le singulier, le voici: c'est que l'accent, le son de la voix, me sont parfaitement connus! plus je me le rappelle, et plus il me semble que maintes fois je l'ai entendu retentir à mon oreille!

L'ABBÉ

Vous croyez?

LA PRINCESSE

A n'en pouvoir douter!... en quels lieux?... c'est ce que je ne puis dire! J'avais d'abord pensé à la duchesse de Mirepoix; j'ai couru ce matin lui faire une visite d'amitié! une voix aigre et pointue qui fait mal aux nerfs! Je suis passée chez madame de Sancerre, madame de Beauveau, madame de Vaudemont, pour m'informer de leurs nouvelles, empressement dont elles ont été vivement touchées, sans compter que jamais je ne les avais écoutées avec autant d'attention! Quelles futilités! quel bavardage! quel ennui!... j'ai tout subi! courage héroïque dépensé en pure perte! ce n'était pas cela! et pourtant c'est la voix de quelqu'un que je rencontre souvent... habituellement... dans ma société intime!

L'ABBÉ, vivement

Attendez! avez-vous vu la duchesse d'Aumont?

LA PRINCESSE, de même

Non, vraiment! et pourquoi?

L'ABBÉ

Une inspiration!... une idée!

LA PRINCESSE, de même

En effet!... l'intérêt que, malgré elle, elle paraissait prendre hier au comte de Saxe! tous ces détails intimes qu'elle savait sur son compte... et qu'elle était censée tenir de Florestan de Belle-Isle...

L'ABBÉ, riant

Son cousin.

LA PRINCESSE

Est-ce que vous croyez aux cousins?

L'ABBÉ

Du tout!... on ne les prend généralement que comme un manteau, contre l'orage.

SCÈNE VII

LA PRINCESSE, L'ABBÉ, UN DOMESTIQUE

LE DOMESTIQUE, *annonçant*

Madame la duchesse d'Aumont!

LA PRINCESSE, *bas à l'abbé*

C'est le destin qui nous l'envoie! (*Allant au-devant d'elle.*) C'est vous, ma toute belle!... comme vous êtes aimable de nous venir de si bonne heure... l'abbé et moi nous parlions de vous!... nous allions peut-être en dire du mal!...

ATHÉNAÏS, *souriant*

Vrai!

L'ABBÉ, *bas à la princesse*

Est-ce la même voix?

LA PRINCESSE, *bas*

On ne peut pas juger sur un mot... faites-la parler... j'étudierai.

L'ABBÉ, *quittant la princesse et passant de l'autre côté à droite, près d'Athénaïs*

Madame la duchesse tenait tant à entendre mademoiselle Lecouvreur...

ATHÉNAÏS

Oh! oui...

L'ABBÉ

C'est un talent... un talent...

ATHÉNAÏS

Fort!

L'ABBÉ

Tandis que celui de la Duclos...

ATHÉNAÏS

Nul.

LA PRINCESSE, *à part*

Il paraît que nous n'en obtiendrons pas une phrase entière. (*Haut.*) Je commence à être de votre avis, duchesse. Pour bien apprécier le charme de mademoiselle Lecouvreur et le naturel de sa diction, il faut avoir essayé soi-même quelques lignes en scène... tenez, nous devons la semaine prochaine dire des proverbes chez M. le duc de Noailles... je joue un rôle...

ATHÉNAÏS

Vous devez bien jouer la comédie, princesse?

LA PRINCESSE

Moi, non... tout m'embarrasse. Je répétais là tout à l'heure avec l'abbé, quand vous êtes venue...

ATHÉNAÏS

Vous déranger?

L'ABBÉ, *vivement*

Pas le moins du monde!

ATHÉNAÏS

Continuez... je ne dis plus un mot!

L'ABBÉ, *à part*

A merveille!

LA PRINCESSE

Gardez-vous-en bien! Je suis sûre, au contraire, de gagner à vous entendre, ma toute belle, car le difficile, c'est le naturel, c'est de parler simplement, comme on parle. J'ai, dans ma première scène, par exemple, une phrase, la plus simple qu'on puisse réciter, et je n'en puis venir à bout.

ATHÉNAÏS

Vous?

LA PRINCESSE

«Ne craignez rien. Votre secret m'a été confié par quelqu'un qui me dit tout!...»

ATHÉNAÏS

C'est bien facile.

LA PRINCESSE

Oui-dà! eh bien! je voudrais vous l'entendre prononcer à vous-même!

ATHÉNAÏS

A moi!

LA PRINCESSE

Comment la diriez-vous?

ATHÉNAÏS, *riant*

Je ne la dirais pas.

(*Elle les quitte et passe à la gauche du théâtre.*)

LA PRINCESSE, *bas à l'abbé*

Elle élude la question!

L'ABBÉ, *de même*

C'est elle!

LA PRINCESSE, *allant au-devant de la marquise, de la baronne et des dames qui entrent par la porte du fond*

Bonjour, mes très-chères!

SCÈNE VIII

Pendant que les dames entrent par le fond, plusieurs seigneurs sortent de l'appartement à droite, avec LE PRINCE; LA MARQUISE, LA PRINCESSE, LA BARONNE, L'ABBÉ, ATHÉNAÏS. *Les autres dames qui sont entrées par la porte du fond vont s'asseoir sur des fauteuils placés à gauche; les seigneurs qui sont entrés avec le prince se tiennent debout devant elles.*

LE PRINCE, *à droite*

Oui, messieurs, la nouvelle est authentique... (*Saluant les dames.*) et je puis vous attester qu'à l'heure où je vous parle il est libre, complètement libre...

ATHÉNAÏS, *placée à l'extrême gauche*

Et qui donc?

LE PRINCE

Le comte de Saxe!

LA PRINCESSE, *à part*

Maurice! ô ciel!

LA MARQUISE

Ah! vous savez aussi la nouvelle! c'est très-désagréable... je croyais être seule!

LA BARONNE

En effet, le bruit courait ce matin que le futur souverain de Courlande était retenu prisonnier pour une somme très-considérable... ce n'est donc pas vrai?

LA MARQUISE

Eh! mon Dieu! si.

ATHÉNAÏS

Alors comment est-il libre?

LA BARONNE, *gaiement*

Un roman... un enlèvement, et comme il lui en arrive toujours, une aventure...

LA MARQUISE

La plus simple du monde... et la plus bourgeoise... on a payé ses dettes!

LA BARONNE

Oui-dà, marquise! et vous ne trouvez pas cela une aventure extraordinaire?

LA PRINCESSE

Si, vraiment, mais ces dettes, qui les a payées?

LA MARQUISE

Demandez à M. le prince, car, pour moi, l'histoire s'arrête là... on ne m'a rien dit de plus.

LE PRINCE, *gravement*

Et moi, mesdames...

TOUT LE MONDE

Eh bien?

LE PRINCE, *de même*

Je n'ai pu en savoir davantage... ce qui prouve bien...

L'ABBÉ

Que cela n'est pas! je le saurais... Or, je ne le sais pas, donc cela n'est pas!

LA MARQUISE

Cela est, je le tiens d'une amie intime du comte de Saxe.

LE PRINCE

Moi, je le tiens de Florestan lui-même, qui a vu Maurice, à telles enseignes qu'il a été de sa part défier le comte de Kalkreutz.

(*Au nom de Florestan, Athénaïs fait un mouvement que la princesse remarque.*)

L'ABBÉ

Celui qui a livré sa créance à l'ambassadeur moscovite?

LE PRINCE

Précisément.

ATHÉNAÏS

Action déloyale, indigne d'un gentilhomme!

LE PRINCE

Et dont le comte de Saxe lui a demandé raison... ils ont dû se battre.

LA PRINCESSE

Et sait-on l'issue du combat?

LE PRINCE

Pas encore! mais ce pauvre Maurice qui devait nous venir ce soir...

ATHÉNAÏS

Ne craignez rien... il viendra!

LA PRINCESSE, *l'observant avec jalousie*

Vous croyez, madame?

SCÈNE IX

LES MÊMES; UN DOMESTIQUE

LE DOMESTIQUE, *annonçant*

Mademoiselle Lecouvreur et monsieur Michonnet, de la Comédie-Française!

L'ABBÉ

Ah! enfin!

(*Tout le monde va au-devant d'Adrienne.*)

LA MARQUISE, *qui est restée avec la baronne sur le devant du théâtre, à droite*

Il paraît que nous aurons ce soir la tragédie.

LA BARONNE

Et la comédie.

LA MARQUISE

Le prince l'aime beaucoup.

LA BARONNE

Et la princesse donc!

LE PRINCE, *redescendant en donnant la main à Adrienne*

Combien je vous remercie, mademoiselle, de l'honneur que vous voulez bien nous faire, à madame de Bouillon et à moi!

ATHÉNAÏS, *à la princesse*

Daignez, princesse, me nommer à mademoiselle. Il y a si longtemps que je l'admire de loin, que je suis bien aise de le lui dire de près!

LA PRINCESSE, *présentant la duchesse*

Madame la duchesse d'Aumont, mademoiselle...

(*La princesse fait passer Adrienne près d'Athénaïs, de la marquise et de la baronne, qui l'entourent; le prince et l'abbé se rapprochent d'elles. Michonnet est presque seul à l'extrême droite, pendant que la princesse descend à gauche au bord de la scène et devant les dames qui sont assises.*)

ADRIENNE

En vérité, mesdames, je suis confuse de tant d'honneur!

MICHONNET, *à part*

Ce n'est que justice! je vous demande si elle ne figure pas aussi bien qu'elles toutes dans un salon!

ADRIENNE

Vous avez voulu, vous et les nobles dames qui daignent m'accueillir...

LA PRINCESSE, *frappée du son de voix et écoutant*

O ciel!

ADRIENNE

Donner à l'humble artiste l'occasion d'étudier ce ton exquis, ces manières élégantes que vous seules possédez...

LA PRINCESSE, *de même*

Qu'entends-je?... cette voix...

ADRIENNE

Aussi je vais bien regarder... pour tâcher de copier fidèlement... certaine de réussir, pour peu que je sois ressemblante.

LA PRINCESSE

Plus je l'entends, plus il me semble... Non, non, ce n'est pas possible, c'est un rêve!... ce n'est pas à mon oreille, c'est dans mon imagination seule que retentit et vibre encore ce son de voix qui me poursuit toujours. (*Athénaïs et les autres dames se sont emparées d'Adrienne, la font asseoir auprès d'elles et causent avec elle à voix basse pendant que le prince et les autres seigneurs entourent son fauteuil. La princesse souriant avec ironie.*) Quelle idée... en effet, que cette rivale qu'il me préfère soit une femme de théâtre... une comédienne... Et pourquoi non?... n'ont-elles point un charme, un prestige qui n'appartient qu'à elles, le talent et la gloire qui enivrent et ajoutent à la beauté? (*Regardant Adrienne que tous les seigneurs entourent.*) Dans ce moment encore ne sont-ils pas là tous à l'admirer, à l'adorer?... Pourquoi n'aurait-il pas fait comme eux? Ah! ce doute est insupportable... et je veux à tout prix confirmer ou détruire mes soupçons. (*Se retournant vers le prince qui vient de quitter le fauteuil d'Adrienne et qui s'approche d'elle.*) Eh bien! ne commençons-nous pas?

(*Adrienne se lève en signe d'assentiment et passe à droite près de Michonnet.*)

LE PRINCE

Il nous faut attendre le comte de Saxe, puisqu'on assure qu'il viendra.

LA PRINCESSE, *regardant du côté d'Adrienne*

Je crois que vous nous flattez d'un vain espoir, il ne viendra pas. (*A part.*) Elle a tressailli... elle écoute...

LE PRINCE

Qui vous le fait croire?... qui vous l'a dit? puisqu'il est libre... libre par les mains de l'amour.

LA PRINCESSE, *à part, observant Adrienne*

Elle tressaille encore! serait-ce elle qui l'aurait délivré? (*Haut.*) Je n'ai pas voulu tout à l'heure troubler vos espérances, ni attrister ces dames, mais vous savez qu'il s'est battu.

ADRIENNE, *à part*

Battu!

LA PRINCESSE, *à part*

Elle se rapproche. (*Haut.*) Et l'abbé, qui sait tout, m'a dit... que le comte était blessé dangereusement.

L'ABBÉ, *étonné*

Moi!

LA PRINCESSE, *bas à l'abbé*

Taisez-vous! (*Poussant un cri et courant près d'Adrienne qui vient de tomber évanouie dans un fauteuil.*) Mademoiselle Lecouvreur se trouve mal!

MICHONNET, *se précipitant vers elle*

Adrienne!

LA BARONNE *et* LA MARQUISE, *passant derrière le fauteuil d'Adrienne*

Ah! mon Dieu!

ADRIENNE, *revenant à elle*

Ce n'est rien... l'éclat des lumières... la chaleur du salon. (*A la princesse qui lui fait respirer un flacon que l'abbé vient de lui donner.*) Merci, madame, que de bontés! (*Rencontrant ses yeux.*) Quel regard!

UN DOMESTIQUE, *annonçant*

Monsieur le comte de Saxe.

(*Tout le monde pousse un cri de surprise; les dames quittent le fauteuil d'Adrienne et vont au-devant du comte.*)

ADRIENNE, *faisant un geste de joie*

Ah!

(*Elle veut s'élancer vers lui, Michonnet la retient par la main; la princesse et Adrienne restent un moment les yeux fixés l'une sur l'autre.*)

MICHONNET, *à voix basse*

Prends garde!... la joie trahit encore plus que la douleur.

(*Les seigneurs et les dames qui étaient allés au-devant de Maurice redescendent avec lui.*)

LE PRINCE, *à Maurice*

Que nous disait donc l'abbé, que vous étiez blessé?

L'ABBÉ

Permettez, je réclame.

MAURICE

Bah! depuis Charles XII, la Suède ne sait plus se battre.

LE PRINCE, *riant*

Ainsi, ce comte de Kalkreutz...

MAURICE

Désarmé à la seconde passe. (*Le prince, l'abbé et Athénaïs remontent le théâtre et vont causer avec les autres dames et seigneurs. Maurice se trouve sur le devant de la scène près de la princesse et lui dit à demi-voix sans la regarder.*) Vous disiez vrai, princesse, en disant que vous me rameneriez.

LA PRINCESSE, *avec joie*

O ciel!

MAURICE, *de même*

Je voulais partir sans vous voir, mais après le service que vous venez de me rendre, service que, du reste, je n'accepte pas... je...

ADRIENNE, *à droite et à quelques pas d'eux, les suivant des yeux*

Il lui parle bas!... si c'était cette grande dame... si c'était elle!...

LA PRINCESSE, *continuant à causer avec Maurice*

Que voulez-vous dire?

MAURICE, *toujours bas à la princesse*

Il faut absolument que je vous parle.

LA PRINCESSE, *de même*

Ce soir, quand tout le monde sera parti.

MAURICE, *de même*

Soit! (*La princesse remonte le théâtre à gauche du spectateur; Maurice se retourne et aperçoit à droite Adrienne, il la salue profondément.*) Mademoiselle Lecouvreur!

(*Il fait quelques pas pour aller près d'elle; le prince, qui avait remonté le théâtre, le redescend et prend Maurice par-dessous le bras au moment où il s'approche d'Adrienne.*)

LE PRINCE

A propos de la Suède, mon cher comte, j'ai à vous demander...

(*Il s'éloigne avec lui en causant et en remontant le théâtre; ils disparaissent tous deux quelques moments dans d'autres salons. Pendant ce temps, la marquise et la baronne se sont rapprochées d'Adrienne; Michonnet, qui était à l'extrême droite, a remonté le théâtre, est resté quelque temps au fond, puis est redescendu à l'extrême gauche.)*

L'ABBÉ, *à la princesse à demi-voix*

Je vous demanderai maintenant, princesse, pourquoi, tout à l'heure, vous m'accusiez ainsi de...

LA PRINCESSE, *à voix haute*

Pourquoi?... parce que vous n'êtes jamais au fait des choses. *(Se retournant en riant vers les deux dames qui sont à sa gauche.)* Imaginiez-vous, mesdames...

(L'abbé quitte la droite de la princesse, remonte le théâtre, et va se placer entre les deux dames comme pour se justifier près d'elles.)

LA PRINCESSE, *continuant sa phrase*

Imaginez-vous que le pauvre abbé court vainement depuis hier à la découverte d'un secret! Une belle inconnue qu'adore le comte de Saxe... Mais, j'y songe... *(Se retournant vers Adrienne.)* Mademoiselle Lecouvreur pourrait peut-être nous éclairer sur ce mystère...

ADRIENNE

Moi, madame!

LA PRINCESSE

Sans doute!... on assure dans le monde que l'objet de cet amour est une personne de théâtre.

L'ABBÉ

Laissez donc...

ADRIENNE

C'est étrange! on assurait au théâtre que cette maîtresse en titre était une grande dame...

L'ABBÉ, *regardant Athénaïs*

Je le croirais plutôt!

LA PRINCESSE

Ma chronique parlait même d'une certaine rencontre nocturne...

ADRIENNE

Et la mienne d'une visite dans une petite maison.

ATHÉNAÏS

Mais c'est très-intéressant!

LA PRINCESSE

On disait que la comédienne y avait été surprise par une rivale jalouse.

ADRIENNE

On affirmait que la grande dame en avait été chassée par un mari indiscret.

ATHÉNAÏS

Que vous semblez bien instruites toutes deux!...

L'ABBÉ

Plus que moi, j'en conviens!

ATHÉNAÏS

Mais pour nous mettre à même de prononcer, qui nous donnera des preuves?

LA PRINCESSE

La mienne est un bouquet que la belle a laissé aux mains de son vainqueur... bouquet de roses, attaché par un ruban soie et or!

ADRIENNE, *à part*

Mon bouquet!

ATHÉNAÏS, *à Adrienne*

Et votre preuve, à vous... mademoiselle!...

ADRIENNE

La mienne?... la mienne, c'est que la grande dame a laissé tomber en s'enfuyant dans le jardin...

ATHÉNAÏS

Comme Cendrillon, sa pantoufle de verre...

ADRIENNE

Non, mais un bracelet de diamants...

LA PRINCESSE, *à part*

Mon bracelet!

L'ABBÉ

Un conte des *Mille et une nuits*!

ADRIENNE

Non, vraiment, une réalité!... car ce bracelet on me l'a apporté... on me l'a laissé... (*Le montrant.*) Le voici!

L'ABBÉ, *prenant le bracelet, et le montrant à la marquise et à la baronne, entre lesquelles il est placé*

Superbe! voyez donc, mesdames.

LA PRINCESSE, *jette un regard sur le bracelet et dit froidement*

Admirable!... c'est travaillé avec un art!

(*Elle avance la main pour le prendre, mais le prince, qui depuis quelques instants est rentré dans le salon avec Maurice, s'est approché du groupe, se place entre la princesse et la marquise. La princesse s'éloigne et se rapproche d'Athénaïs qui venait aussi pour regarder le bracelet.*)

LE PRINCE

Qu'est-ce donc? qu'admirez-vous ainsi?

L'ABBÉ

Ce bracelet!...

LE PRINCE

Celui de ma femme!

TOUS, *avec un accent différent*

Sa femme!

LE PRINCE, *remontant le théâtre et montrant à tout le monde le bracelet avec un air de satisfaction*

Il est de bon goût, n'est-ce pas?

ADRIENNE, *à part*

C'était elle!...

(*Pendant le désordre produit par cet incident, Athénaïs, la princesse, le prince et les autres dames ont remonté le théâtre. Adrienne, qui était à l'extrême droite, traverse la scène avec agitation, et va se placer à gauche près de Michonnet.*)

LA PRINCESSE, *au milieu du théâtre et mettant à son bras son bracelet que son mari vient de lui rendre*

Eh bien! maintenant que M. le comte de Saxe est décidément des nôtres, si mademoiselle Lecouvreur était assez bonne pour nous dire quelques vers...

ADRIENNE, *hors d'elle*

Des vers!... moi!... en ce moment! (*Les dames qui étaient assises à gauche se lèvent et se dirigent vers la droite du salon. A part.*) Ah! c'est trop d'impudence...

MICHONNET, *à gauche, près d'elle*

Calme-toi et étudie!... il y a dans le monde de plus grands comédiens que nous!

(*Les dames et seigneurs se sont placés à droite devant les deux rangées de fauteuils qui garnissent ce côté du salon.*)

MAURICE, *qui a redescendu le théâtre*

Quoi, mademoiselle... vous daigneriez...

ADRIENNE, *froidement*

Oui, monsieur le comte!

LA PRINCESSE, *d'un air gracieux*

Quel bonheur!... asseyons-nous, mesdames... (*A Maurice.*) monsieur le comte, auprès de moi...

ADRIENNE, *à part*

Les voir là, sous mes yeux, tous les deux ensemble... comme pour me braver!... mon Dieu, donnez-moi la force de me contraindre...

LE PRINCE

Que nous direz-vous?

ATHÉNAÏS

Le Songe de *Pauline.*

LA MARQUISE

Hermione.

LA BARONNE

Ou *Camille* des *Horaces.*

LA PRINCESSE, *avec ironie*

Ou plutôt le monologue d'*Ariane* abandonnée.

ADRIENNE, *à part, se contenant à peine*

Ah! c'en est trop!

ATHÉNAÏS, *qui est assise à la droite de la princesse, s'écrie*

Non, non! *Phèdre*, que vous avez si bien jouée avant-hier.

ADRIENNE, *vivement*

Phèdre soit.

TOUS

Écoutons...

(*Tout le monde est rangé à droite. Michonnet, assis à gauche, a tiré
plusieurs brochures de sa poche; il prend celle de Phèdre, et s'apprête à souffler.
Adrienne est seule debout au milieu du théâtre.*)

ADRIENNE, *récitant avec une agitation et une fièvre toujours croissantes, les yeux fixés
sur la princesse, qui se penche plusieurs fois sur l'épaule de Maurice et lui parle bas
avec affectation*

... Juste ciel! qu'ai-je fait aujourd'hui?
Mon époux va paraître, et son fils avec lui.
Je verrai le témoin de ma flamme adultère
Observer de quel front j'ose aborder son père!
Le cœur gros de soupirs qu'il n'a point écoutés,

(*Regardant Maurice.*)

L'œil humide de pleurs par l'ingrat rebutés.
Penses-tu que, sensible à l'honneur de Thésée,
Il lui cache l'ardeur dont je suis embrasée?
Laissera-t-il trahir et son père et son roi?
Pourra-t-il contenir l'horreur qu'il a pour moi?

(*Regardant Maurice, qui vient de ramasser l'éventail que la princesse
avait laissé tomber, et qui le lui remet d'un air galant.*)

Il se tairait en vain! je sais mes perfidies,
Œnone, et ne suis point de ces femmes hardies...

(*Hors d'elle-même et s'avançant vers la princesse.*)

Qui, goûtant dans le crime une honteuse paix,
Ont su se faire un front qui ne rougit jamais!...

(*Elle a continué à s'avancer vers la princesse, qu'elle désigne du doigt, et reste quelque temps dans cette attitude, pendant que les dames et seigneurs, qui ont suivi tous ses mouvements, se lèvent comme effrayés de cette scène.*)

LA PRINCESSE, *avec calme*

Bravo! bravo! admirable!

TOUS

Admirable!

MICHONNET, *bas à Adrienne*

Malheureuse!... qu'as-tu fait?...

ADRIENNE

Je me suis vengée!

LA PRINCESSE, *hors d'elle-même*

Un tel affront!... je le lui ferai payer cher!...

ADRIENNE, *au prince, qui la félicite*

Déjà souffrante et fatiguée, je vous demanderai la permission de me retirer...

LA PRINCESSE, *bas à Maurice, qui fait un pas vers Adrienne*

Restez!

LE PRINCE, *à Adrienne*

Quelque envie que nous ayons de vous retenir... nous n'osons insister... (*Remontant le théâtre et parlant à des domestiques qui sont au fond.*) La voiture de mademoiselle Lecouvreur...

(*Pendant le temps où le prince remonte le théâtre, la princesse fait quelques pas à droite, et Maurice se rapproche d'Adrienne qui est à gauche.*)

ADRIENNE, *à demi-voix*

Suivez-moi...

MAURICE, *de même*

Impossible ce soir! Vous saurez pourquoi!... Mais...

ADRIENNE

Il suffit...

(En ce moment le prince, qui a redescendu le théâtre, offre sa main à Adrienne. Elle remonte avec lui vers la porte du fond. Les hommes groupés à gauche de la porte et les femmes debout à droite la saluent. Adrienne jette sur Maurice un dernier regard de reproche et de douleur, et s'éloigne pendant que la princesse la regarde sortir d'un œil menaçant.)

ACTE CINQUIÈME

L'appartement d'Adrienne: à gauche, une cheminée; près de la cheminée, un
fauteuil et une table; porte au fond; deux portes latérales; fauteuils au fond
et à droite

SCÈNE PREMIÈRE

MICHONNET, *à la porte du fond, parlant à une femme de chambre, puis*
ADRIENNE, *sortant de la porte à gauche*

MICHONNET

Oui, je sais que sa porte est fermée et qu'il est onze heures! Mais si elle
n'est pas encore déshabillée... vous lui direz que c'est moi, Michonnet!...

ADRIENNE, *l'apercevant et courant à lui*

Ah!... je vous attendais!...

MICHONNET, *à la femme de chambre qui se retire*

Vous voyez bien!

ADRIENNE

Je souffrais tant!

MICHONNET

Et moi donc!... Je ne pouvais pas rentrer sans savoir comment tu te
trouvais... je n'aurais pu dormir...

ADRIENNE

Depuis que vous êtes là... je suis mieux!

MICHONNET

Et moi aussi!... Après t'avoir reconduite, je suis passé au théâtre, d'où
je viens!

ADRIENNE

Le spectacle est-il terminé?

MICHONNET

Nous en avons encore pour une heure.

ADRIENNE

Tant mieux!... Je suis si souffrante que je voulais faire dire au théâtre
qu'il me sera impossible de jouer demain.

MICHONNET

Je vais y passer... J'arrangerai cela et je viendrai te rendre réponse.

ADRIENNE

Que de peines je vous donne!...

MICHONNET

Allons donc!... moi, qui demeure dans ta maison, ne me voilà-t-il pas bien malade!... ce n'est pas cela qui m'inquiète!

ADRIENNE

Qu'est-ce donc?...

MICHONNET

La scène de ce soir... chez cette grande dame! crois-tu donc, qu'excepté son mari, tout le monde n'ait pas compris l'allusion... à commencer par elle...

ADRIENNE

Je l'espère bien! Je l'ai blessée à mort, n'est-ce pas?... Quelle joie! c'est le seul moment de bonheur que j'aie éprouvé après tant de souffrance! A chaque mot de ces derniers vers... il me semblait lui enfoncer un poignard dans le cœur! Et puis, avez-vous lu la terreur sur tous les visages? Avez-vous entendu ce silence? L'avez-vous vue elle-même, en dépit de son audace, pâlir sous mes regards? Ah! j'avais marqué d'une tache ineffaçable:

Ce front qui ne rougit jamais!

MICHONNET

Voilà justement ce qui m'effraie!... C'était trop bien... c'était trop fort!... Ces grandes dames, si belles et si gracieuses avec leurs guirlandes de fleurs et leurs robes de gaze, c'est vindicatif... c'est méchant... tout leur est permis... et elles osent tout! celle-là surtout... à qui justement hier je proposais de jouer le rôle de Cléopâtre... elle a toutes les qualités de l'emploi: elle ne reculera devant aucun moyen... pour se venger d'un affront ou se débarrasser d'une rivale...

ADRIENNE

Eh! que m'importe?... Quel mal peut-elle me faire désormais qui égale les tourments renfermés dans cette pensée... dans ce mot: Aimée!... elle est aimée!... Cette blessure faite par moi, il la guérit par ses paroles d'amour!... Ses larmes, si elle en répand, il les essuie sous ses baisers!... Et maintenant même... maintenant que mon cœur se brise... elle est heureuse... elle est près de lui... Vous ne savez donc pas que je l'ai supplié, à voix basse, de me suivre, tandis qu'elle lui ordonnait de ne pas la quitter!...

MICHONNET

Eh bien?...

ADRIENNE

Il est resté!... resté avec elle!... Ah! c'en est trop! je n'y résiste plus!

(*Faisant un pas pour sortir et remontant le théâtre.*)

MICHONNET

Où vas-tu?

ADRIENNE

Me jeter entre eux... les frapper... et après... qu'on fasse de moi ce qu'on voudra!

MICHONNET

Y penses-tu?

ADRIENNE, *redescendant le théâtre et allant se jeter dans un fauteuil à droite*

Cela ne vaut-il pas mieux que de mourir ici de jalousie et de désespoir... car, je le sens, j'en mourrai!

MICHONNET

Non! non! par malheur tu t'abuses encore!... c'est une fièvre qui ne vous quitte pas, une douleur aiguë de tous les instants... on souffre... on est bien malheureux... mais on n'en meurt pas!... Tu vois bien que j'existe encore!

ADRIENNE, *le regardant avec étonnement*

Vous!

MICHONNET

Ah! cela t'étonne, n'est-ce pas?... Tu ne peux croire que sous cette épaisse enveloppe il y ait un cœur qui souffre comme le tien... qui aime... qui saigne comme le tien...

ADRIENNE

Quoi! ces tourments, vous les avez éprouvés?

MICHONNET

Oui... autrefois... il y a bien longtemps... Crois-moi, on s'habitue à tout... même à être malheureux!

ADRIENNE

Ah! cette force que je ne vous soupçonnais pas... ce courage que j'admire en vous!... je l'imiterai!... je l'égalerai, si je le puis... Je triompherai d'une passion insensée dont maintenant je rougis!

MICHONNET, *avec joie*

Dis-tu vrai?

ADRIENNE

Vous voyez bien que je parle de lui sans haine et sans colère... que le souvenir de ses outrages me laisse calme et tranquille... que son nom même ne m'émeut plus!...

(Adrienne traverse le théâtre et va se placer près du fauteuil à gauche, entre la cheminée et la table. La porte du fond s'ouvre.)

SCÈNE II

ADRIENNE, MICHONNET, UNE FEMME DE CHAMBRE

LA FEMME DE CHAMBRE

Un coffret qu'on apporte pour madame.

ADRIENNE

Qui l'a apporté?

LA FEMME DE CHAMBRE

Un domestique sans livrée, qui a dit seulement: De la part de M. le comte de Saxe.

ADRIENNE, *poussant un cri*

De lui!... *(Prenant le coffret des mains de la femme de chambre.)* Laissez-nous... laissez-nous... *(La femme de chambre sort et Adrienne pose le coffret sur la table et s'assied toute tremblante.)* Ah! mon Dieu!... que peut-il me vouloir? ma main tremble... et je ne puis ouvrir...

MICHONNET, *à part*

Et elle croit qu'elle ne l'aime plus!...

ADRIENNE, *vivement*

Voyons! voyons! *(Poussant un cri de douleur.)* Ah!

MICHONNET, *vivement*

Qu'est-ce donc?...

ADRIENNE

En ouvrant ce coffret... j'ai éprouvé une sensation douloureuse... un souffle glacial qui parcourait mes sens... c'était comme un présage du coup qui m'attendait...

MICHONNET

Que contient donc cette boîte?

ADRIENNE

Mon bouquet! (*Le prenant à la main.*) Je le reconnais... celui qu'hier je tenais à la main lors de son arrivée! demandé par lui... donné par moi comme un gage d'amour... il pouvait le dédaigner, l'oublier, le jeter à l'écart! mais me le renvoyer... exprès!... mais joindre l'affront au mépris...

MICHONNET

Cela ne vient pas de lui, c'est cette rivale qui l'aura forcé!

ADRIENNE, *se levant avec indignation*

Devait-il obéir? et tout esclave qu'il est, ne devait-il pas se révolter à l'idée seule d'insulter celle qu'il a aimée! (*Retombant sur le fauteuil près de la cheminée en tenant à la main le bouquet de fleurs qu'elle regarde quelque temps en silence.*) Fleurs d'un jour, hier si éclatantes, aujourd'hui flétries, vous qui aurez duré plus longtemps encore que ses promesses! pauvres fleurs, reçues par lui avec tant d'ivresse et de joie, vous ne pouviez plus rester sur ce cœur où il vous avait placées et dont une autre m'a bannie! Exilées et dédaignées comme moi, je cherche en vain sur vos feuilles la trace des baisers qu'il y imprimait!... que celui-ci soit le dernier que vous recevrez, celui d'un adieu éternel! (*Elle porte avec force le bouquet à ses lèvres.*) Oui... oui... il me semble que c'est celui de la mort! et maintenant... qu'il ne reste plus rien de vous, ni de mon amour...

(*Elle jette le bouquet dans la cheminée.*)

MICHONNET

Adrienne!... Adrienne!...

ADRIENNE, *se levant et s'appuyant sur le marbre de la cheminée*

Ne craignez rien! (*Portant la main à son cœur.*) Cela va mieux! (*Regardant du côté de la cheminée.*) Je suis forte maintenant... je n'y pense plus!...

SCÈNE III

ADRIENNE, MICHONNET, MAURICE, *se précipitant par la porte du fond*

MAURICE, *à la cantonade et comme parlant à la femme de chambre qui veut le retenir*

Elle y sera pour moi, vous dis-je! (*Courant à Adrienne.*) Adrienne!...

ADRIENNE, *se jetant involontairement dans ses bras*

Maurice!... (*Voulant se dégager de ses bras.*) Ah! qu'ai-je fait?... laissez-moi! laissez-moi!

MAURICE

Non, je viens tomber à tes pieds! je viens implorer mon pardon! si je ne t'ai pas suivie quand tu me l'ordonnais... c'est que j'étais retenu par le devoir, par l'honneur... par un bienfait dont le poids m'accablait... je le croyais du moins! et je ne voulais pas laisser finir cette journée sans dire à la princesse: «Je ne puis accepter votre or, car je ne vous aime pas, car je ne vous ai jamais aimée, car mon cœur est à une autre!...» Mais juge de ma surprise!... aux premiers mots que je lui adresse... en m'écriant: «Je sais tout! je sais tout!...» tremblante... éperdue... elle, qui ne tremble jamais... tombe à mes pieds et avec des larmes feintes ou véritables m'avoue que l'amour et la jalousie l'ont égarée, qu'elle seule est la cause de ma captivité!... elle ose me l'avouer... à moi qui pensais lui devoir ma délivrance...

ADRIENNE

O ciel!...

MAURICE, *continuant avec chaleur*

A moi qui, honteux et désespéré de ses bienfaits, venais implorer seulement quelques jours pour m'acquitter, dussé-je jouer mon sang et ma vie!... et j'étais libre... libre de la mépriser, de la haïr... de l'abandonner! libre de courir vers toi et de me réfugier à tes pieds!... ma protectrice, mon bon ange... m'y voici! (*Tombant à ses genoux.*) Ne me repousse pas!

ADRIENNE

Faut-il te croire?

MAURICE

Par le ciel... et l'honneur! je t'ai dit la vérité... quelque difficile qu'elle soit à expliquer... car, renversé du haut de mes espérances, arrêté, jeté dans un cachot, j'ignore encore quelle main m'a délivré et j'ai beau chercher, je ne puis découvrir par qui me sont rendus ma liberté, mon épée, et un glorieux avenir peut-être; le sais-tu? peux-tu m'aider à le deviner?

ADRIENNE, *baissant les yeux*

Je ne sais!... je ne puis dire...

MICHONNET, *qui pendant la tirade précédente a remonté le théâtre, passe vivement entre eux deux.*

Que c'est elle!... elle-même!...

ADRIENNE, *vivement*

Taisez-vous! taisez-vous!

MICHONNET, *avec chaleur*

C'est elle qui a engagé pour vous sa fortune, ses diamants, tout ce qu'elle avait... et plus encore!...

ADRIENNE

Ce n'est pas vrai!

MICHONNET, *de même, avec force*

C'est vrai!... et s'il faut en donner des preuves, apprenez qu'elle a emprunté... emprunté à quelqu'un... (*Se reprenant.*) que je ne connais pas, mais vous pouvez m'en croire, moi!... qui ne veux que son repos... son bonheur... moi qui l'aime comme un père, (*Vivement.*) oh! oui... comme un père!

ADRIENNE, *vivement*

Vous pleurez?

MICHONNET

De contentement, d'émotion... Adieu... tu sais qu'on m'attend au théâtre, et j'y dois être avant la fin du spectacle... adieu... adieu...

(*Il se précipite vers la porte du fond.*)

SCÈNE IV

ADRIENNE, MAURICE

MAURICE

Ainsi, Adrienne, c'était toi?...

ADRIENNE, *montrant de la main Michonnet, qui vient de sortir*

Et lui, mon meilleur ami, lui qui m'est venu en aide... mais ne parlons plus de cela... tu as accepté...

MAURICE

A une condition... c'est qu'à ton tour tu ne refuseras rien de moi! J'ignore l'avenir qui m'est réservé, j'ignore si je dois, sur le champ de bataille, gagner ou perdre la couronne ducale que les états de Courlande m'ont décernée; mais vainqueur, je jure de partager avec toi le duché que tu m'aides à conquérir, de te donner le nom que tu m'aides à immortaliser!

ADRIENNE

Ta femme! moi!

MAURICE

Toi! reine par le cœur et digne de commander à tous! Qui a grandi mon intelligence? Toi. Qui a épuré mes sentiments? Toi. Qui a soufflé dans mon sein le génie des grands hommes, dont tu es l'interprète?... Toi! toujours toi!... Mais, ô ciel! tu pâlis!

ADRIENNE

Ne crains rien... tant de bonheur succédant à tant de désespoir aura épuisé mes forces.

MAURICE, *l'aidant à s'asseoir sur le canapé*

Tu chancelles!

ADRIENNE

En effet, un trouble étrange, une douleur sourde et inconnue s'est emparée de moi... depuis quelques moments... depuis celui où j'ai porté à mes lèvres ce bouquet.

MAURICE

Lequel?

ADRIENNE

Ingrate! je le prenais pour un adieu de départ, et c'était un message de retour!

MAURICE

Que veux-tu dire?

ADRIENNE

Ces fleurs... envoyées par toi dans ce coffret...

MAURICE, *passant près de la table*

Moi! je ne t'ai rien envoyé... ce bouquet, où est il?

ADRIENNE

Brûlé! je croyais que tu nous avais tous deux repoussés et dédaignés... il était comme moi, il ne pouvait plus vivre!

MAURICE, *avec tendresse*

Adrienne! mais ta main tremble... tu souffres beaucoup...

ADRIENNE

Non, non, plus maintenant. (*Montrant son cœur.*) La douleur n'est plus là... (*Portant la main à sa tête.*) mais là... C'est singulier, c'est bizarre... mille objets divers et fantastiques passant devant moi... se succèdent confusément et sans ordre... (*A Maurice.*) Où étions-nous? qu'est-ce que je te disais? je ne sais plus... Il me semble que mon imagination s'égare... et que ma raison, que je cherche à retenir, va m'abandonner... (*Vivement.*) Je ne le veux pas... en la perdant, je perdrais mon bonheur... Oh! non... non... je ne le veux pas! pour lui d'abord, pour Maurice, et puis pour ce soir... On vient d'ouvrir, et la salle est déjà pleine! Je conçois leur curiosité et leur impatience; on leur promet depuis si longtemps la *Psyché* du grand Corneille!... oh! oui, depuis longtemps... depuis les premiers jours où je vis Maurice... On ne voulait pas remonter l'ouvrage... C'est trop vieux, disait-on... mais, moi, j'y tenais... j'avais une idée... Maurice ne m'a pas encore dit: Je vous aime! ni moi non plus... je n'ose pas... et il y a là certains vers que je serais si heureuse de lui adresser, à lui, devant tout le monde sans que personne s'en doute...

MAURICE

Mon amie, ma bien-aimée, reviens à toi!

ADRIENNE

Tais-toi donc!... il faut que j'entre en scène. Oh! quelle nombreuse, quelle brillante assemblée! Comme tous ces regards tournés vers moi suivent chacun de mes mouvements!... Ils sont bons, de m'aimer ainsi... Ah! il est dans sa loge... c'est lui... il me sourit... (*Murmurant entre ses lèvres.*) Bonjour, Maurice... A toi, Psyché, voici ta réplique.

Ne les détournez pas, ces yeux qui me déchirent,
Ces yeux tendres, ces yeux perçants, mais amoureux,
Qui semblent partager le trouble qu'ils m'inspirent.
Hélas! plus ils sont dangereux,
Plus je me plais à m'attacher sur eux!
Par quel ordre du ciel, que je ne puis comprendre,
Vous dis-je plus que je ne dois?
Moi, de qui la pudeur devrait du moins attendre
Que l'amour m'expliquât le trouble où je vous vois;
Vous soupirez, seigneur, ainsi que je soupire;
Vos sens, comme les miens, paraissent interdits.
C'est à moi de m'en taire, à vous de me le dire,
Et cependant c'est moi qui vous le dis!

MAURICE, *lui prenant la main*

Adrienne! Adrienne! elle ne me voit plus... ne m'entend plus... Mon Dieu, l'effroi me glace... que faire?...(*Il agite la sonnette qui est sur la table; paraît la femme de chambre.*) Votre maîtresse est en danger... courez!... des secours!... Moi, je ne la quitte plus... (*La femme de chambre sort.*) Ma présence et mes soins lui rendront peut-être le calme... (*Prenant la main d'Adrienne.*) Écoute-moi, de grâce!

ADRIENNE, *avec égarement*

Regarde... regarde donc!... Qui entre dans sa loge? qui s'assied près de lui?... Je la reconnais, quoiqu'elle cache son visage! c'est elle!... il lui parle!... (*Avec désespoir.*) Maurice!... il ne me regarde plus!... Maurice!...

MAURICE

Il est près de toi...

ADRIENNE, *sans l'écouter*

Ah! voilà leurs yeux qui se rencontrent, leurs mains qui se pressent! voilà qu'elle lui dit: Restez!... Et moi, il m'oublie! il me repousse... il ne voit pas que je me meurs!

MAURICE

Adrienne!... par pitié!

ADRIENNE, *avec fureur*

De la pitié!

MAURICE

Ma voix n'a-t-elle donc plus de pouvoir sur ton cœur?

ADRIENNE

Que me voulez-vous?

MAURICE

Que tu m'écoutes un seul instant! que tu me regardes, moi... Maurice!

ADRIENNE, *le regardant avec égarement*

Maurice!... non... il est près d'elle... il m'oublie!... Va-t'en! va-t'en!

(*Poursuivant Maurice, qui recule d'effroi.*)

Va lui jurer la foi que tu m'avais jurée,
Les dieux, les justes dieux... n'auront pas oublié
Que les mêmes serments avec moi t'ont lié...

Porte... porte aux autels... un cœur qui m'abandonne...
Va, cours, mais crains encor...

(Poussant un cri et reconnaissant Maurice.)

Ah! Maurice!...

(Elle se jette dans ses bras.)

MAURICE

Mon Dieu... venez à mon aide!... et pas de secours!... pas un ami... *(Apercevant Michonnet.)* Ah! je me trompais!... en voici un!

SCÈNE V

MAURICE, ADRIENNE, MICHONNET

MICHONNET, *entrant vivement*

Ce qu'on m'a dit est-il vrai? Adrienne en danger!

MAURICE

Adrienne se meurt!

MICHONNET, *approchant le fauteuil de droite, qu'il place au milieu du théâtre, et sur lequel Maurice dépose Adrienne à moitié évanouie*

Non... non... elle respire encore!... tout espoir n'est pas perdu...

MAURICE, *s'approchant de l'autre côté du fauteuil*

Elle ouvre les yeux!

ADRIENNE

Ah! quelles souffrances!... Qui donc est près de moi?... *(Avec joie.)* Maurice! *(Se retournant et voyant Michonnet.)* Et vous aussi!... dès que je souffrais, vous deviez être là... Ce n'est plus ma tête, c'est ma poitrine, qui est brûlante... j'ai là comme un brasier... comme un feu dévorant qui me consume...

MICHONNET, *s'adressant à Maurice*

Mais tout me prouve... ne voyez-vous pas comme moi les traces du poison... d'un poison actif et terrible...

MAURICE

Quoi!... tu pourrais soupçonner...

MICHONNET, *avec fureur*

Je soupçonne tout le monde... et cette rivale... cette grande dame!...

MAURICE, *poussant un cri d'effroi*

Tais-toi!... tais-toi!...

ADRIENNE

Ah! le mal redouble... Vous qui m'aimez tant, sauvez-moi, secourez-moi... Je ne veux pas mourir!... Tantôt j'eusse imploré la mort comme un bienfait... j'étais si malheureuse!... mais à présent je ne veux pas mourir... Il m'aime!... il m'a nommée sa femme!

MICHONNET, *étonné*

Sa femme!

ADRIENNE

Mon Dieu! exaucez-moi!... mon Dieu! laissez-moi vivre... quelques jours encore... quelques jours près de lui... Je suis si jeune, et la vie s'ouvrait pour moi si belle!

MAURICE

Ah! c'est affreux!

ADRIENNE

La vie!... la vie!... Vains efforts!... vaine prière!... mes jours sont comptés!... je sens les forces et l'existence qui m'échappent!... (*A Maurice.*) Ne me quitte pas... bientôt mes yeux ne te verront plus... bientôt ma main ne pourra plus presser la tienne!...

MAURICE

Adrienne!... Adrienne!...

ADRIENNE

O triomphes du théâtre! mon cœur ne battra plus de vos ardentes émotions!... Et vous, longues études d'un art que j'aimais tant, rien ne restera de vous après moi... (*Avec douleur.*) Rien ne nous survit à nous autres... rien que le souvenir... (*A ceux qui l'entourent.*) le vôtre, n'est-ce pas? Adieu, Maurice... adieu, mes deux amis!...

MICHONNET, *avec désespoir et tombant à ses pieds*

Morte... morte!...

MAURICE

O noble et généreuse fille! si jamais quelque gloire s'attache à mes jours, c'est à toi que j'en ferai hommage, et toujours unis, même après la mort, le nom de Maurice de Saxe ne se séparera jamais de celui d'Adrienne!

NOTES

Frontispiece. "Fimes en 1690": probably an error. See Introduction.

Page 2, 2. **Maurice, comte de Saxe**, Maréchal de Saxe, was born at Gotzlar, Germany, October 28, 1696. He was a natural son of Frederick Augustus II (1670-1733), Elector of Saxony, and king of Poland (1697-), after the death of Jean Sobieski. His mother was Maria Aurora (1670-1728), sister of Count Philip Christopher, of Königsmark, Sweden. She was noted for her accomplishments and beauty.

The Maréchal de Saxe was one of the greatest generals of the century. His most brilliant and memorable victory was at Fontenoy, May 11, 1745. In recognition of his achievements, he was made Marshal-General of France.

He died November 30th, 1750, at the château de Chambord, which had been given him by Louis XV.

10. **Adrienne Lecouvreur.** See Introduction.

At the opening presentation of the play, *Adrienne Lecouvreur*, at the Théâtre-Français, April 14, 1849, the title rôle was taken by Mlle Rachel. See below.

Rachel: Élisa-Rachel Félix, called Rachel, a celebrated French actress, was born at Munf, in Switzerland, February 28, 1820. She excelled in leading tragic rôles, and by her extraordinary success and popularity she exerted a powerful influence in restoring to favor the great classic dramas of Corneille and Racine, which had been temporarily neglected during the Romantic movement. She also created the title rôles of a number of plays written especially for her, including *Adrienne Lecouvreur*. The talent of Mlle Rachel was strikingly similar to that of her illustrious predecessor. Moreover, there were many similarities in their experiences and artistic triumphs. It was very natural therefore that Rachel played the rôle of Adrienne Lecouvreur with remarkable fidelity and power.

Mlle Rachel died at Cannet, near Toulon, Jan. 3, 1858.

ACTE PREMIER

3, 2. **chez la princesse de Bouillon.** The former hôtel de Bouillon, built in the eighteenth century, has a large courtyard, present No. 17, on the quai Malaquais, Faubourg St. Germain. It was near the rue des Marais, now rue Visconti, on which was the home of Mlle. Lecouvreur.

SCÈNE PREMIÈRE

5. **La Princesse**: Marie-Charlotte Sobieska, granddaughter of Jean Sobieski, king of Poland. She married, in 1724, Charles Godefroi de la Tour

d'Auvergne, prince de Bouillon. In the play she has been given the rôle of the duchesse de Bouillon.

The latter was Louise-Henriette-Françoise de Lorraine (Mlle de Guise), daughter of the prince and princesse d'Harcourt. She became, in 1725, the fourth wife of Emmanuel-Théodose de la Tour d'Auvergne, duc de Bouillon. She is said to have been very beautiful but unscrupulous. She died at Paris, March 31, 1737, at the age of thirty.

9. **scandale.** It was a period of intrigue and frivolity.

13. **Votre état est perdu**: 'Your profession is ruined.' The abbé represents a certain type of men who frequented the homes of the nobility and who were expected to maintain themselves in favor by continually supplying the latest bits of gossip. Owing to their position as confidants of the public in questions of morality, the members of the clerical profession were supposed to be particularly well informed on such matters.

16. **boîte à mouches**: 'patch box.' Small bits of black taffetas were placed on the face ("beauty spots") by many fashionable ladies of the seventeenth and eighteenth centuries.

23. **Bajazet**: a tragedy (1672) by Jean Racine. The scene is in Constantinople.

4, 5. **ne m'en veut pas de ma franchise**: 'will pardon my frankness.'

7. **système des mouches**: 'custom of wearing bits of taffetas on the face.'

19. **est d'autant plus piquante**: 'will excite the greater interest.'

5, 10. **Des scrupules... à vous!** '*You* have scruples!'

16. **Sobieski**: Jean Sobieski, king of Poland; born in Galicia in 1629, died at Warsaw in 1696. He performed important service for Europe by repelling invasions of the Turks.

17. **notre reine.** The queen of France at this time was Marie Leczinska, daughter of Stanislas I Leczinski (1677-1766), king of Poland.

19. **rivale**: i.e. for the love of her husband.

6, 11. **la Grange-Batelière**: a street in the northern part of Paris, just north of the Boulevard Montmartre. The name was originally "Grange Bataillière," and is supposed to have designated the site of a *champ de Mars* or military drill field of the ninth century. In the eighteenth century the rue de la Grange-Batelière was one of the most fashionable in Paris.

19. **le dernier règne**: the Regency.

24. **Régent**: Philippe II, duc d'Orléans. He was regent of France from the death of Louis XIV, in 1715, till the majority of Louis XV, in 1723. The Regency was a period of financial difficulties and immorality.

27. **Il souffle et il cuit**: 'He blows (with a blowpipe) and melts.'

7, 2. **Voltaire** (1694-1778), one of the greatest French authors of the eighteenth century.

3. **le bourgeois gentilhomme.** An allusion to the famous comedy of this name by Molière (1622-1673).

4. **maître de philosophie.** M. Jourdain, the "bourgeois gentilhomme" of Molière, engaged a "master of philosophy" and various other tutors to train him for the aristocratic society which he desired to cultivate.

7. **il n'avait garde d'oublier**: 'he was careful not to forget.'

12. me tient au fait de tout: 'keeps me informed about everything'.

19. **Ce que j'y gagne?** In repeating a question just asked by another person, the French put it in the indirect form.

20. **la petite fille de Sobieski.** See note to page 5, line 16.

26. **une infidélité d'une haute portée et d'un grand rapport**: 'an infidelity of high import and great advantages.'

8, 4. **rien autre chose**: 'nothing else.'

6. **Si**: 'Yes.' *Si* is used instead of *oui* as an affirmation in contradiction to a preceding negation.

11. **vous ne vous en doutez pas**: 'you do not suspect it.'

22. **je suis de toutes ses parties**: 'I join in all his pleasure parties.'

23. **l'Opéra.** The grand opera house was from 1683 to 1787 at the Palais Royal, later at the Porte St. Martin, and from 1821 to 1874 in the rue Le Peletier. The present splendid edifice, at the Place de l'Opéra, was begun in 1861 and completed in 1874.

24. **l'Académie des Sciences**: one of the five academies of the Institut de France. These five "academies" or associations of savants include the Académie Française, the Académie des Inscriptions et Belles Lettres, the Académie des Sciences, the Académie des Beaux-Arts, and the Académie des Sciences Morales et Politiques.

9, 11. **l'on vous a souvent donné, à vous autres abbés de boudoir**: 'favors have often been granted to you boudoir abbés.' Notice the idiomatic use of *autres*, which is not to be translated.

12. **dussiez-vous crier à l'ingratitude**: 'even if you must complain of my ingratitude.'

28. **C'est jouer de malheur**: 'You are unlucky.'

SCÈNE II

10, 15. **le cardinal de Fleury**: André-Hercule (1653-1743). In 1726 he succeeded the duc de Bourbon as prime minister of France.

22. **Voltaire.** The comment ascribed to Voltaire is, of course, sarcastic, as is the remark of the princess, "moi aussi."

24. **je le crois de bonne foi**: 'I believe he is sincere.'

11, 12. **poudre dite de succession**: 'so-called inheritance powder.' The practice of poisoning spread from Italy to France. During the latter part of the reign of Louis XIV there were numerous cases of poisoning among the French nobles. The name "inheritance powder" was applied to poison used to remove a person in order to gain possession of his inheritance.

13. **le grand roi**: Louis XIV.

14. **chevalier d'Effiat**: Antoine de Ruze, marquis d'Effiat (1638-1719). He was an equerry of Monsieur, brother of Louis XIV, and later held the same position under the Regent. He was accused of being one of the murderers of Madame, Henrietta of England. Louis XIV is said to have had proof of his guilt but to have permitted his escape.

22. **rien qu'une pincée de cette poudre.** Compare the symptoms produced by this poison, which is now available to the princess, with the account of the death of Adrienne (Act V, Scenes II-V.)

13, 20. **Allez toujours**: 'Continue, however.'

14, 13. **mon oncle le cardinal.** See note to p. 10, l. 15.

22. **quoique je ne partage pas votre enthousiasme.** From the beginning of the play, the princess is not favorably inclined toward Adrienne, but prefers her rival, Mlle Du Clos, in spite of the latter's intimacy with the prince.

25. **un engouement!...** 'an infatuation! all the aristocratic circles vie with one another in entertaining Mlle Lecouvreur.'

15, 16. **ses ajustements**: 'her articles of dress.'

20. **Monsieur de Bourbon**: the duc de Bourbon (1692-1740). He was succeeded as prime minister of France, in 1726, by Cardinal Fleury.

16, 1. Monsieur d'Argental: a lifelong friend of Mlle Lecouvreur. True to her memory and to their mutual friendship, he composed for her, in 1786, fifty-six years after her death, an epitaph in verse which was inscribed on a marble tablet still preserved at Paris. The first four lines of this are given in the Introduction of the present volume.

5. **ce prétendu bon mot**: 'that supposed witticism.'

8. **elle sent tellement sa véritable princesse**: 'it is so evident that it was written by a real princess.'

13. **Mais le moyen**: 'But how could I?' The grace and charm of this letter, attributed to Mlle Lecouvreur, were indeed characteristic.

17, 2. restituer l'esprit de son fils: 'restore his son to his senses.' Many letters passed between d'Argental fils and Mlle Lecouvreur. Upon learning that his mother viewed their friendship with displeasure, Adrienne wrote to her (March 22, 1721) a very dignified and kindly letter which is included in the published collection of her letters.

7. **coadjuteur**: 'bishop coadjutor.'

22. **les foudres de l'Église... aussi qu'elle ne s'avise pas de mourir**: 'the denunciation of the church... Therefore, let her take care not to die!' This refers to the strong opposition of the clergy at that time to members of the theatrical profession. For this reason Molière and later Adrienne herself were refused interment in consecrated ground.

18, 14. roi de Pologne: Augustus II, who succeeded Jean Sobieski in 1697.

14. **comtesse de Koenigsmarck**: Maria Aurora, a woman of great talent and beauty (1670-1728).

20. **Permettez! le bruit en a couru**, etc.: 'Pardon me, that report has been circulated, but it is not true.'

22. **Florestan de Belle-Isle.** There seems to be here a reference also to one of Scribe's contemporaries, Florestan de Bel-Montet, who was of a Bonapartist family. He had tried to secure for Napoleon III, in 1831, the crown of Poland. Napoleon III himself had been given the name of "Florestan" in a novel by Disraeli.

24. **Courlande**: a province of Russia in Europe, south of the Gulf of Riga; population about 673,000.

20, 3. Arminius: (Hermann), leader of the German army which destroyed the Roman legions under Varus in 9 A.D.

17. **Malplaquet**: a town in northern France, scene of the victory of the Duke of Marlborough (John Churchill, 1650-1722) and Prince Eugène over Marshal Villars, Sept. 11, 1709.

17. **le prince Eugène**: Eugène de Savoie, a celebrated general (1663-1736).

18. **Pierre le Grand**: Peter the Great, Czar of Russia from 1682 to 1725.

18. **Stralsund**: in Pomerania, on the Baltic. Charles XII of Sweden was besieged there.

SCÈNE III

23, 7. **Sa Majesté Très Chrétienne**: 'His Most Christian Majesty,' Louis XV, king of France.

17. **Menzikoff**: Mentchikof (Alexandre-Danilovitch) (1672-1729), prime minister of Russia under Peter the Great and Catherine I. He took an important part in the victory over Charles XII of Sweden, at Pultava, in 1709.

18. **Mittau**: a city of Courlande in Russia. Louis XVIII of France resided there from 1798 to 1807.

24, 2. **A la Charles XII**: 'like Charles XII' (1682-1718), king of Sweden, a very warlike and adventurous ruler who fought against the Danes, Russians, Poles, and Turks.

3. **Bender**: a city of European Russia, where Charles XII, after his defeat by the Russians at Pultava, was besieged by the Turks.

5. **Cela me va!** 'That suits me!'

25, 27. **le cardinal de Fleury.** See note to p. 10, l. 15.

26, 13. **le vainqueur de Menzikoff.** There may be here a hidden reference also to another of similar name—the prince Martznikoff, who was, in 1845-46, one of the best known admirers of the actress, Mlle Rachel. Napoleon III, whose experiences resembled in many particulars those of Maurice de Saxe, had, at the time the play of *Adrienne Lecouvreur* was presented (1849), superseded Martznikoff as the protector of Rachel.

27, 6. **déclamation emphatique**: 'affected, or overdrawn, elocution.'

14. **Arma virumque cano**: 'Arms and the man I sing.' The beginning of Vergil's *Æneid.*

18. **C'est de l'Horace ou du Virgile**: Even the abbé appears none too sure in literary questions.

24. **C'est sans réplique**: 'It cannot be contested.'

28, 2. **je m'en rapporte à**: 'I leave it to.'

10. **Laissez donc!** 'Nonsense!'

10. **que vous vous formez**: 'that you are improving.'

SCÈNE IV

30, 8. **Ayant l'air de chercher**: 'Apparently trying to recollect.'

8. **Le cardinal-ministre**: Fleury. See note to p. 10, l. 15.

31, 25. **tenir au courant**: 'keep informed.'

32, 9. **l'enceinte de Paris**: 'the Paris walls': really a circle of fortifications immediately surrounding the city.

14. **raison de plus**: 'all the better.'

SCÈNE V

33, 16. **qui est remontée**: 'who has gone to the rear of the stage.'

21. **à plusieurs reprises**: 'repeatedly.'

22. **redescendant le théâtre**: 'returning to the front of the stage.'

34, 2. **la fille du czar.** Probably a reference to the Duchess Anna Ivanova, niece of Peter the Great. She became Czarina in 1730.

35, 8. **par état**: 'by profession.'

SCÈNE VI

36, 16. **"Sors vainqueur d'un combat dont Chimène est le prix."** Quotation from Corneille's *Le Cid*, Act V, Scene I. It is Chimène herself who speaks these words to Don Rodrigue—the Cid.

37, 22. **je tiendrais à savoir**: 'I am anxious to know.'

23. **actuelle**: 'present.'

25. **Je te saurai cela**: 'I will find that out for you.'

38, 14. **Bajazet**: a play by Jean Racine (1672).

39, 7. **C'est impayable**: 'It is a capital joke.'

9. **Impayable?** Here the word is used in its literal sense: 'Can't be paid for.'

ACTE II

18. **pénètre sur le théâtre**: 'reaches the stage.'

24. **Baron**: Michel Boyron, called Baron, a celebrated French actor and dramatic author (1653-1729). He belonged to the troupe of Molière.

24. **la Champmeslé**: Marie Desmares, a well-known French actress (1642-1698), wife of Charles Champmeslé, also an actor and dramatist. She attained her highest eminence in the tragedies of Racine, in which Racine himself entrusted her with the leading rôles.

27. **Folies amoureuses**: a three-act comedy in verse, by Jean-François Regnard (1655-1709). Regnard excelled in amusing intrigues.

40, 4. **Acomat**: grand vizir in *Bajazet*.

5. **Crispin**: name of the valet of Éraste in Regnard's *Les Folies amoureuses*.

SCÈNE I

41, 12. **me suis mis sur le pied**: 'have imposed upon myself the task.'

14. **Hippolyte**: hero of Racine's famous tragedy, *Phèdre*.

42, 2. **la reine.** See note to p. 5, l. 17.

4. **À ce qu'elle dit**: 'So she says.'

8. **Il n'y a pas de quoi**: 'There is no occasion for it.'

12. **appointements**: 'salary.'

15. **Qu'est-ce à dire?** 'What do you mean?'

23. **Échec et mat**: 'Checkmate.'

23. **Vous n'êtes pas de force**: 'You are no match for me.'

SCÈNE II

44, 12. **Bonsoir, vizir**: (because of Quinault's rôle in *Bajazet*).

21. **Roxane**: the rôle of Adrienne in *Bajazet*. Roxane is the favorite sultana.

24. **Par exemple!** 'Nonsense!'

SCÈNE III

46, 5. **s'en défaire**: 'part with them.'

23. **difficile**: 'critical.'

49, 3. **Après cela**: 'After all.'

50, 5. **Je me suis toujours défié de**: 'I have always distrusted.'

SCÈNE IV

26. **fais les confidents**: 'have played the part of confidant.'

51, 5. **rue Férou**: a street running north from the Luxembourg Gardens.

14. **livres tournois**: 'livres of Tours.' Their value was three-fourths that of the livre of Paris or "livre parisis."

18. **Pas tant tant mieux**: 'Not entirely so much the better.'

52, 11. **Phèdre**: title rôle of the masterpiece of Racine (1677).

53, 15. **une force surnaturelle.** Maurice de Saxe is said to have been able to break a horseshoe in his hands.

21. **vous me rendrez raison**: 'you shall give me satisfaction.'

25. **vous serez aux premières loges**: 'You will be in the first row of boxes,' i.e., in a splendid position to see the fight.

26. **allons, en scène**: 'come, let us make our appearance on the stage,' i.e., begin the fight.

54, 2. **en se jouant**: 'easily turning aside.'

6. **"Paraissez Navarrois, Maures et Castillans,"** etc.: quoted from Corneille's *Le Cid* (1636), Act V, Scene I.

12. **"Et le combat finit faute de combattants"**: from the *Cid*, Act IV, Scene III.

17. **s'informer de mes nouvelles**: 'to inquire about me.'

55, 23. **se possédera**: 'will be self-possessed.'

56, 17. **l'emportait sur toi**: 'should excel you.'

57, 5. **"N'aurais-je tout tenté que pour une rivale"**: *Bajazet*, Act III, Scene VII.

21. **Allons, j'ai beau faire**: 'Come, it is useless for me to try.'

SCÈNE V

58, 8. **"Mes brigues,"** etc.: *Bajazet*, Act III, Scene VII.

14. **Rien qu'en traversant... on sent**: 'One needs but to pass thru to feel.'

59, 2. **ou peu s'en faut**: 'or nearly so.'

5. **clerc de procureur**: 'attorney's clerk.'

8. **s'y connaissent aussi bien**: 'are as good judges.'

17. **une façon de gentilhomme**: 'a kind of nobleman.'

18. **On ne passe pas**: 'No admittance.'

60, 12. **s'il n'avait tenu qu'à moi**: 'if it had depended only on me.'

61, 1. **les chemins qui s'élèvent**: 'the uphill roads.'

10. **je vis au milieu des héros de tous les pays.** She refers to the heroes of the drama.

12. **je ne sais quoi qui sent son Rodrigue et son Nicomède**: 'something which resembles Rodrigue and Nicomède.' Rodrigue, the hero of the *Cid*, by Corneille. Nicomède, the hero of the play of the same name, also by Corneille.

13. **aussi, vous arriverez**: 'accordingly you will make your mark.'

62, 14. **rire aux larmes**: 'laugh till I cried.'

15. **une orthographe d'une invention!** 'such original spelling!'

17. **être de l'Académie**: 'be a member of the French Academy.' See note to p. 8, l. 24.

21. **mon Sarmate**: 'my Sarmatian' (an old name for Polander).

63, 8. **à telles enseignes**: 'so much so.'

15. **la fable des Deux pigeons**: Livre IX, Fable II, by La Fontaine.

64, 19. **après?** 'what next?'

21. **Avec finesse**: 'Archly.'

65, 8. **"Tenez-vous lieu de tout"**: 'be all in all to each other.'

66, 5. **Aux premières**: 'In the first row of boxes.'

SCÈNE VI

19. **humeur**: 'ill humor.'

20. **Que trop**: 'Only too true!'

SCÈNE VII

67, 25. **notre pari de tantôt**: 'our recent wager.'

68, 6. **Preuve de plus!** 'One more proof!'

18. **il ne te reste plus... qu'à t'exécuter**: 'you have only to pay the bet.'

69, 4. **le plus rigoureux tête-à-tête**: 'the strictest privacy.'

13. **ne fait rien à la chose**: 'is of no consequence.'

70, 4. **éclat**: 'exposure.'

18. **toujours**: 'in any case.'

24. **Prévenez-la**: 'Get the start of her.'

71, 4. **Raison de plus**: 'All the more reason.'

14. **coup de théâtre**: 'theatrical effect.'

17. **Mars et Vénus**: a reference to an incident related in Homer's *Odyssey*, Book VIII.

19. **Surpris par... (S'interrompant.)**: The abbé interrupts himself because he recollects that it was the lame Vulcan who surprised the lovers and he does not wish to compare the prince with him.

23. **Toi, du tien**: 'You on your side.'

24. **un succès d'enthousiasme**: 'an enthusiastic success.'

72, 3. **ne sait déjà plus où elle en est**: 'already doesn't know what she is about.'

SCÈNE VIII

24. **C'est bien heureux**: 'It was high time.'

73, 10. **la lettre de Zatime**: *Bajazet*, Act IV. Zatime is the slave of the sultana.

14. **cela ne se remet point par la petite poste**: 'that must be sent by a special messenger.'

SCÈNE IX

21. **maudit soit le duché de Courlande.** He says this because his political schemes interfere with his love for Adrienne.

74, 16. **Encore un**: 'One more' (who is interested).

75, 4. **Acomat**: the grand vizir in *Bajazet*.

4. **mon bon**: 'my good fellow.'

8. **Je vous trouve plaisant**: 'You are ridiculous.'

23. **Tu as beau faire**: 'It doesn't make any difference what you do.'

76, 1. **palsambleu**: (par le sang de Dieu) 'by Jove!'

6. **Bajazet**: brother of the sultan.

10. **"Écoutez, Bajazet,"** etc.: *Bajazet*, Act II, Scene I.

23. **qui est fort bien**: 'who is very good looking.'

25. **votre entrée**: 'your cue.'

77, 14. Dieu! quel effet! elle a tressailli. The real effect of the words of Maurice, denying her the interview that evening, are taken by Michonnet and the audience as merely a part of her acting.

SCÈNE X

78, 21. Vous êtes des nôtres: 'You are coming to our party.'

80, 3. cavalier: 'escort.'

12. Ma voisine. Mlle Lecouvreur lived on the rue des Marais, next to the home of Mlle Du Clos. The house of the former is now No. 21 rue Visconti. It had been the home of Racine, who died there in 1699. Mlle Du Clos soon moved to the rue Mazarine.

81, 16. pour me donner la main: 'as my escort.'

82, 16. on ne s'y reconnaît plus: 'one doesn't know what he is about.'

17. À votre réplique: 'Your cue.'

21. "Qu'à ces nobles seigneurs," etc.: adaptation from *Bajazet*.

ACTE III

83, 3. en pan coupé: 'crosswise of the corner.'

5. sur le premier plan: 'on the first wing.'

SCÈNE I

10. "J'ai failli attendre": 'I came near waiting.' A famous saying attributed to Louis XIV and indicative of his punctilious and exacting nature.

SCÈNE II

86, 15. Ils se feront tuer: 'They will get killed.'

21. vous faire appréhender au corps: 'have you arrested.'

87, 19. en gage: 'a hostage.'

88, 20. la Moscovie: 'Russia.'

89, 4. n'auront pas beau jeu: 'will not have an easy time.'

11. je vais toujours: 'I shall continue in spite of it.'

21. Permettez: 'Pardon me,' or, 'I beg to differ.'

27. C'est bien le moins que vous y restiez: 'The least you can do is to remain here.'

91, 25. dussé-je vous perdre: 'even if I must ruin you.'

92, 9. ne s'en aviserait pas: 'would not think of such a thing.'

93, 8. C'est fait de moi! 'I am lost!', 'done for!' or, 'it is all over with me!'

SCENE III

94, 5. l'on vous y prend: 'you are caught.'

14. la Saxe aux prises: 'Saxony at war.'

19. nous sommes au fait: 'we know how matters stand.'

21. à huis clos: 'secretly,' 'behind closed doors.'

95, 3. le bruit: 'gossip,' 'scandal.'

9. le costume n'y fait rien: 'his (clerical) costume makes no difference.'

19. Nous ne tenons pas à en finir: 'We do not wish to end it.'

23. Rameau: Jean Philippe (1683-1764), a French musician and composer.

96, 17. Que je ne tiens plus à ses charmes: 'That I am no longer infatuated with her.'

23. une querelle d'Allemand: 'a senseless quarrel.'

97, 12. de vous donner la main: 'to shaking hands.'

17. "Soyons amis, Cinna," etc.: from the tragedy of *Cinna*, Act V, Scene III, by Corneille.

98, 21. second plan: 'rear section of the wings.'

101, 19. qu'il n'avait que la cape et l'épée: 'that his sword was his only fortune.'

102, 7. cela me regarde: 'they are my affair.'

SCÈNE V

103, 10. avec explosion: 'enthusiastically.'

SCÈNE VI

108, 21. Melpomène: the muse of tragedy.

109, 13. Vous en êtes convenu: 'You admitted it.'

SCÈNE VII

111, 15. **gagner**: 'win over.'

15. **faire sauter**: 'blow up.'

SCÈNE IX

117, 2. Il ne faut pas, nous autres comédiens, nous jouer aux grands seigneurs: 'We comedians must not meddle with the affairs of great nobles.'

15. **comment veux-tu ainsi t'y reconnaître**: 'how do you expect to see what you are doing?'

SCÈNE X

118, 20. Mais, par exemple: 'But that is not enough.'

120, 19. Plus que vous, à coup sûr: 'A greater person than you, that is certain.'

ACTE IV

125, 2. chez la princesse de Bouillon. See note to p. 3, l. 2.

SCÈNE I

9. **Godefroy de Bouillon** (1058-1100), duc de Basse-Lorraine, leader of the First Crusade, and first king of Jerusalem.

14. **répétition**: 'rehearsal.'

16. **Je me derange**: 'I am becoming irregular.'

18. **Elle y tenait tant!** 'She insisted so much upon it!'

SCÈNE II

126, 4. Que devenez-vous donc: 'What can you be doing?'

15. **des diamants**: 'for the diamonds.' See Act II, Scene III.

20. **C'était assez bien tourné**: 'It was adroitly worded.'

127, 1. tu ne m'as pas fait part: 'you have not told me.'

3. **un bon sur la caisse des fermiers généraux**: 'a check on the treasury of the Farmers-General.' The Farmers-General were various privileged financiers who farmed or leased the public revenues of France before the Revolution.

129, 4. souscrite à: 'endorsed to.'

SCÈNE III

22. **Si, vraiment**: 'Yes, indeed.'

130, 2. **fanatiques**: 'admirers.'

25. **par-dessous main**: 'secretly.'

131, 21. **a dénoncé ce fait à l'ambassadeur tartare**: 'announced this fact to the Russian ambassador.'

SCÈNE IV

133, 7. **Si**: 'Yes, I can.'

134, 15. **Bien cela!** 'Well said!'

135, 3. **"Comblé de mes bienfaits…"**: adapted from Corneille's *Cinna*, Act V, Scene III.

SCÈNE V

26. **je suis tenté de lui en vouloir… à lui**: 'I am almost indignant at him.'

SCÈNE VI

136, 24. **n'en fait jamais d'autres**: 'never does otherwise.'

25. **vienne l'occasion**: 'if the opportunity presents itself.'

137, 18. **la récompense promise.** See Act I, Scene I, also Act I, Scene V.

138, 18. **à coup sûr**: 'certainly.'

SCÈNE VII

141, 23. **Je répétais**: 'I was rehearsing.'

142, 6. **Gardez-vous en bien!** 'No, don't refuse to speak!'

10. **je n'en puis venir à bout**: 'I cannot say it right.'

20. **Oui-dà!** 'Oh, of course!' (ironical).

SCÈNE VIII

145, 7. **cela n'est pas.** 'that is not true.'

10. **Cela est**: 'It *is* true.'

14. **à telles enseignes**: 'so much so.'

14. **de sa part**: 'in his name.'

14. **défier**: 'challenge' (to a duel).

26. **lui a demandé raison**: 'has demanded satisfaction.'

SCÈNE IX

147, 2. **Et la princesse donc**: 'And the princess still more.'

8. **me nommer**: 'introduce me.'

23. **si elle ne figure pas aussi bien**: 'if she does not appear as well.'

148, 11. **pour peu que je sois ressemblante**: 'provided I resemble you, even a little.'

150, 6. **se trouve mal**: 'has fainted.'

151, 9. **Permettez, je réclame**: 'Allow me to protest.'

153, 7. **vous n'êtes jamais au fait des choses**: 'you are never informed about things.'

16. **Mais, j'y songe**: 'But now that I think of it.'

26. **Laissez donc**: 'Nonsense.'

154, 2. **cette maîtresse en titre**: 'his acknowledged ladylove.'

24. **pour nous mettre à même de prononcer**: 'to enable us to decide.'

155, 13. **Cendrillon**: 'Cinderella.'

19. **Mille et une nuits**: 'Arabian Nights.'

157, 4. **est décidément des nôtres**: 'is really our guest.'

158, 4. **Le Songe de Pauline.** Pauline is the heroine of the tragedy of *Polyeucte* by Corneille.

6. **Hermione**: daughter of Helen, in *Andromaque* (1667) by Racine.

8. **Camille**: heroine in the tragedy of *Horace* (1640) by Corneille.

10. **Ariane abandonnée**: a reference to the mythological story of Ariane, daughter of Minos. She gave to Theseus the thread by means of which he was able to find his way out of the Labyrinth, after having slain the Minotaur. She was abandoned by him in the island of Naxos and cast herself from a rock into the sea.

10. **Ariane**: the best tragedy (1672) by Thomas Corneille.

14. **Phèdre**: tragedy (1677) by Racine.

21. **brochures**: 'copies of plays.'

22. **à souffler**: 'to prompt.'

159, 1. **"Juste ciel!"** etc. These words are spoken, in the play of Racine, by Phèdre, as her conscience accuses her of her passion toward Hippolytus, her stepson, and she fears the wrath of his father, Theseus, king of Athens.

The expression, "une honteuse paix" is "une tranquille paix" in Racine, having been intentionally strengthened by Scribe. *Phèdre*, Act III, Scene III.

In reality this scene occurred, not in the hôtel de Bouillon, but at a public presentation of *Phèdre* at the Comédie-Française, probably on the tenth of November, 1729. The love of Mlle Lecouvreur and Maurice de Saxe was then at an end and he had abandoned the actress for the duchesse de Bouillon. The attempted poisoning of Mlle Lecouvreur by the duchess had occurred the preceding summer. It was while playing the title rôle in *Phèdre* that Mlle Lecouvreur directed these scathing words to the duchess, as the latter was seated in her box. The audience is said to have fully understood the bearing of the denunciation and to have frantically applauded.

ACTE V

SCÈNE I

162, 13. Le spectacle est-il terminé? 'Is the play over?'

27. ne me voilà-t-il pas bien malade! 'Wouldn't that harm me tho!' (sarcastic).

163, 23. c'est vindicatif... c'est méchant: 'they are vindictive... they are mean.'

26. toutes les qualités de l'emploi: 'all the qualities needed to play the rôle.'

165, 6. tu t'abuses encore: 'you are mistaken again.'

25. que je ne vous soupçonnais pas: 'that I did not suspect that you possessed.'

27. Je triompherai d'une passion: 'I shall overcome a passion.'

SCÈNE II

167, 10. une sensation douloureuse. Cf. Act I, Scene II, p. 11, ll. 11-27.

SCÈNE III

170, 6. dussé-je jouer mon sang et ma vie: 'even if I must risk my life.'

SCÈNE IV

174, 16. Psyché: a tragi-comédie-ballet by Corneille, Molière, and Quinault (1671). Psyché speaks thus to Amour, Act III, Scene III. The wording has been slightly changed.

18. remonter: 'bring out again.'

177, 1. avec égarement: 'delirious.'

5. **"Va lui jurer la foi,"** etc. From *Andromaque* (1667), Act IV, Scene V, by Racine.

SCÈNE V

178, 1. approchant le fauteuil: 'bringing the armchair.'

Milton Keynes UK
Ingram Content Group UK Ltd.
UKHW010758260424
441811UK00004B/364